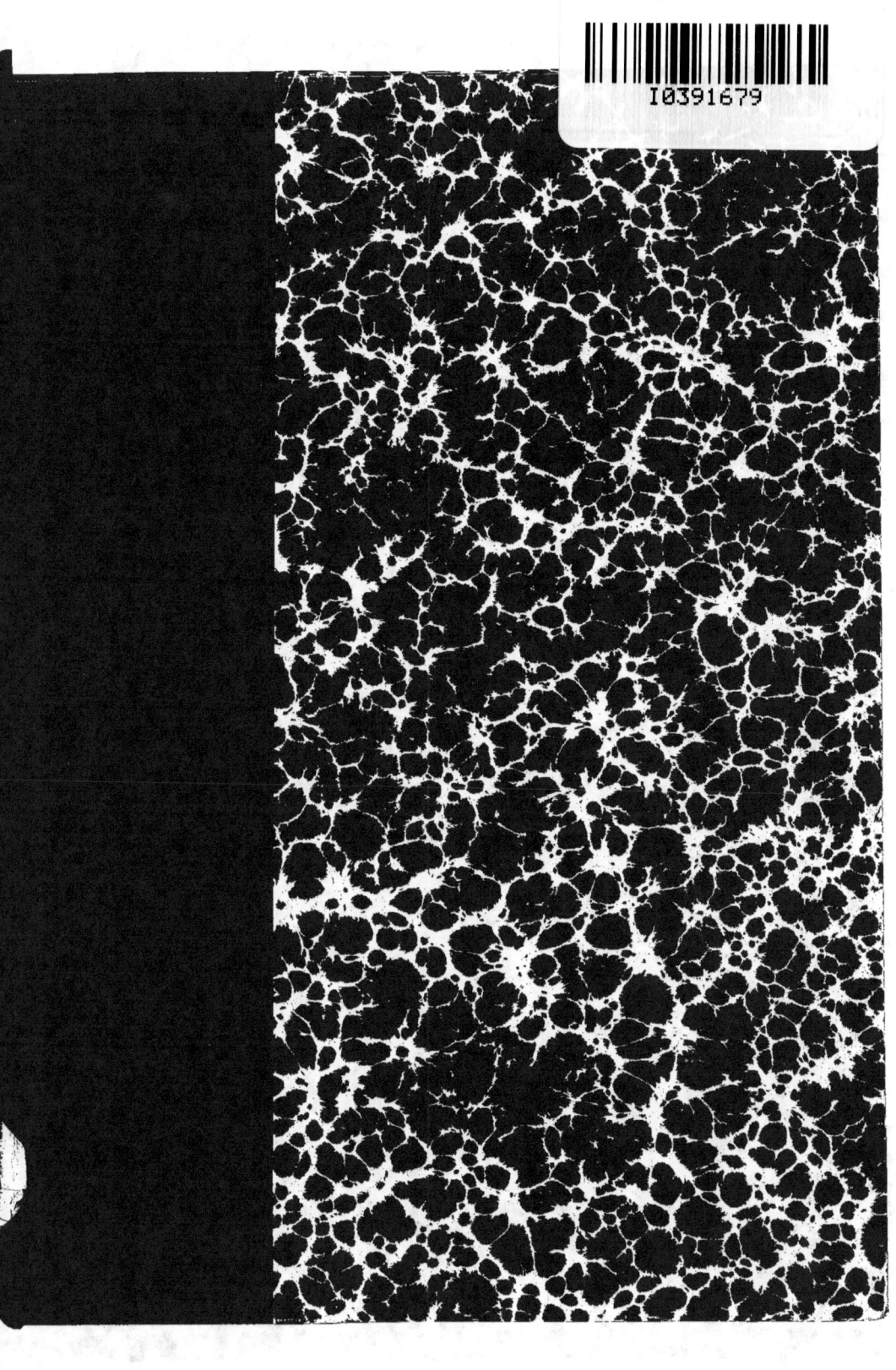

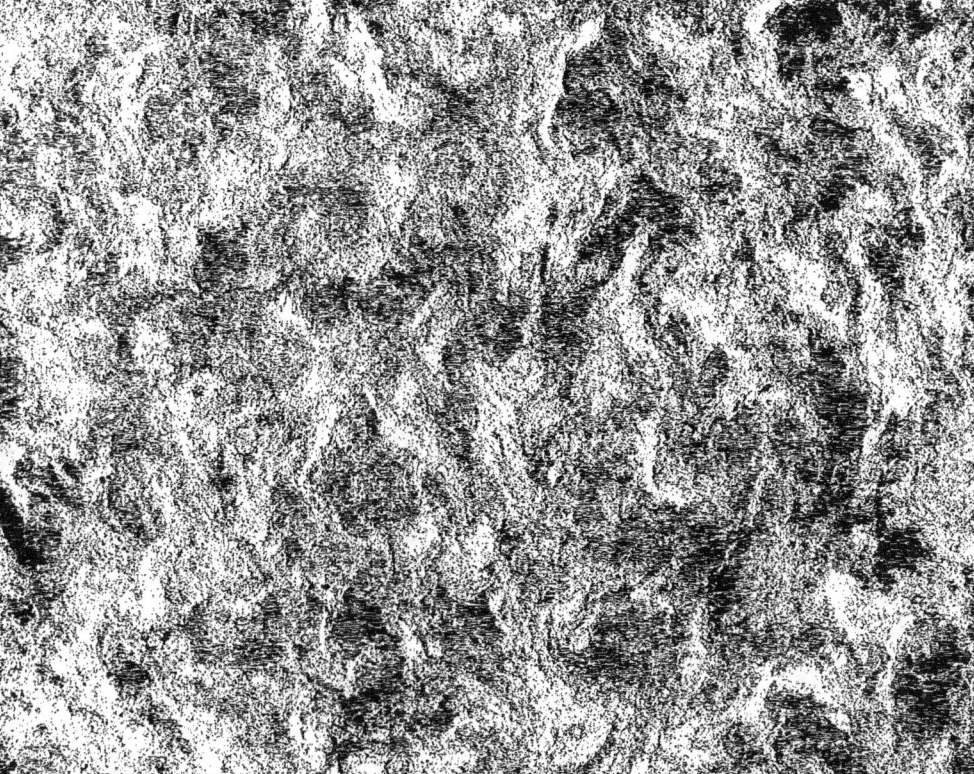

1888

LES

ARTISTES CÉLÈBRES

VELAZQUEZ

PAR

PAUL LEFORT

Inspecteur des Beaux-Arts.

OUVRAGE ACCOMPAGNÉ DE 34 GRAVURES

PARIS

LIBRAIRIE DE L'ART

29, rue d'Antin, 29

LES
ARTISTES CÉLÈBRES

VELAZQUEZ

PAR

PAUL LEFORT

Inspecteur des Beaux-Arts

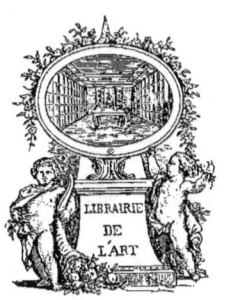

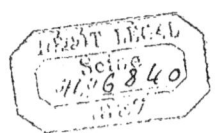

LIBRAIRIE DE L'ART
29, CITÉ D'ANTIN, 29
PARIS

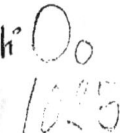

VELAZQUEZ

CHAPITRE PREMIER

Caractères de la peinture de Velazquez, ses affinités esthétiques avec les tendances de l'art moderne.

Visiblement, et peut-être sans retour possible aux abstractions chères aux écoles d'autres temps, l'art de nos jours, l'art libre et militant, incline de plus en plus vers le naturalisme. Déjà sa poétique paraît tenir tout entière dans cette formule : qu'il ne doit et ne peut plus être que l'expression même de la vie. En présence d'une évolution aussi accusée dans ses tendances et qui semble devoir retenir l'art dans l'étude et la reproduction exclusives du vrai, des réalités formelles, textuelles, dénuées d'artifices, convient-il d'admettre, avec quelques esprits timorés, que toute convention, tout idéal pourront, un jour donné, être bannis de son domaine, et que, vraisemblablement, le talent ne consistera plus qu'à lutter d'exactitude et de force imitative avec la photographie ? Une telle hypothèse, si extrême et étroite dans ses termes, qui néglige d'ailleurs de tenir compte de l'ingérence de la personnalité de l'artiste et se hâte, de parti pris, à nous montrer l'art amoindri et rapetissé à ce point de n'être plus qu'une reproduction physionomique et impersonnelle des choses, d'où seraient absents le sentiment, l'originalité, l'invention et, du même coup, le choix des formes et des lignes belles ou pittoresques, enfin jusqu'à la recherche des colorations opulentes et fleuries conduirait, on le voit, tout droit à l'absurde. Non, ce grand goût de naturalisme, cet appétit de sincérité et de vérité que trahit franchement l'art contemporain, ne sont pas finalement aussi gros de périls que certains l'imaginent. Ils oublient trop volontiers que l'art, étant une convention, ne saurait exister que par la convention, et que l'artiste lui-même n'est digne de ce grand nom d'artiste qu'autant que quelque chose de sa personnalité se mêle à sa manière de comprendre, de sentir et d'interpréter la nature. Au-dessus des engouements ou des entraînements de la masse planeront donc toujours librement les facultés personnelles, singulières et créatrices de l'artiste ; elles suffiront à réagir, elles sauvegarderont l'art contre les chimériques dangers de l'observation terre à terre, de l'imitation étroite ou niaisement servile. Loin donc que nous envisagions avec défiance les conséquences et la portée d'une évolution que tout annonce devoir être féconde, nous nous complaisons, au contraire, à en espérer plus d'une éclosion inattendue et surtout plus d'un nouveau triomphe. Est-il besoin de rappeler, pour justifier cet optimisme, ce que notre école, retrempée aux sources vivifiantes du réel et du vrai, doit déjà d'œuvres inspirées aux viriles convictions, aux fiers et consciencieux efforts des Rousseau, des Corot, des Millet ? et quelle plus encourageante promesse, pour l'avenir, que cette première et déjà si magnifique efflorescence !

Une transformation comme celle à laquelle nous assistons, qui menace un principe, un enseignement dogmatique et des traditions enracinées, ne va pas s'opérant sans hésitation, sans trouble, et surtout sans quelque désarroi. L'état présent de l'école en témoigne. Mais, d'abord, existe-t-il encore un enseignement et des traditions ? Que, de bonne foi, on puisse se poser une telle question, indique déjà suffisamment combien l'état de confusion est extrême.

Depuis que nos paysagistes découvrant la nature se sont avisés de la peindre comme ils la voyaient, ou plus justement comme ils la sentaient, les divisions qui naguère encore séparaient, dans la peinture, les classifications et les genres, contenus et comme enfermés jusque-là dans des pratiques et des méthodes distinctes, propres à chaque genre, vont chaque jour s'effaçant et tendent rapidement à disparaître. L'éclectisme accepté des méthodes a créé et amené l'éclectisme des principes. C'est ainsi que le naturalisme, entré dans l'art par le paysage, a successivement passé dans la peinture de genre et, finalement, dans la peinture de style.

A la suite du paysage, sa première et solide conquête, le naturalisme s'était en effet emparé, et cela sans beaucoup de luttes, de la peinture intime, du genre pittoresque, même du tableau de demi-caractère. Costumes, mobilier, accessoires, mœurs et habitudes, physionomies, *air du*

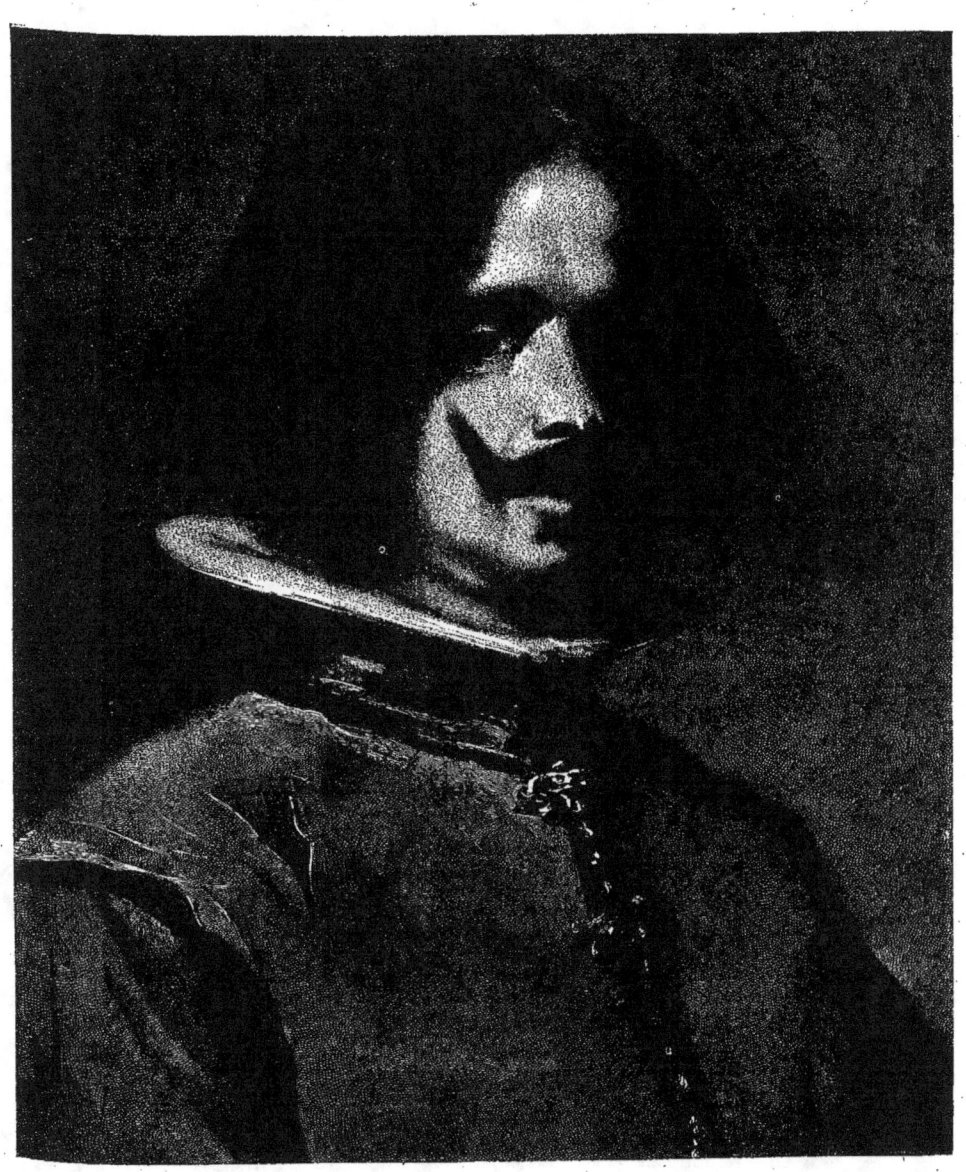

PORTRAIT DE VELAZQUEZ PAR LUI-MÊME.

(Pinacothèque de Munich.)

temps, tout aujourd'hui, dans le domaine du *genre*, est présenté, décrit, restitué, souligné et particularisé avec la plus scrupuleuse exactitude. Pour donner satisfaction à nos insatiables désirs de nouveauté, il y a beau temps déjà que des sciences tout observatrices et positives, comme l'archéologie et l'ethnographie, ont fait leurs grandes entrées dans l'art. A l'heure présente, le naturalisme s'étend et gagne encore ; voilà qu'il a pénétré jusque dans le sanctuaire du grand art : il transforme la peinture d'histoire.

D'épique, de fabuleuse et de synthétique qu'elle était demeurée, le naturalisme tente de peindre l'*histoire* expressive, vivante, humanisée enfin, et comme vécue. Indépendamment de la vérité locale, de l'extériorité mieux observée, il y faut, à cette heure, le mouvement, le caractère, la sensibilité, la passion, toutes les affirmations individuelles, toutes les circonstances de la vie. Les vagues et abstraites représentations d'autrefois, de même que les scènes dramatiques et enfiévrées du romantisme, semblent bien avoir fait leur temps, et, sans friser l'hérésie, il nous sera permis d'écrire que le tableau des *Lances*, de Velazquez, dans la parfaite vérité, la claire exposition de son action, la naturelle simplicité de son arrangement, paraît mieux répondre désormais à nos impérieux et nouveaux besoins d'exactitude et de sincérité que la *Bataille de Constantin* ou les vastes machines de Le Brun. Nettement, visiblement encore, une profonde séparation va donc se produisant entre la peinture d'histoire et l'art purement décoratif. En celui-ci se réfugieront sans doute les dernières abstractions, avec leur bagage obligé de formules apprises et de traditions d'école.

En dehors de ces causes, toutes spéciales et intimes, d'autres encore, extérieures celles-là, mais également persistantes, concourent et ont part active au mouvement qui se produit sous nos yeux.

A une société aussi profondément remuée et transformée dans ses mœurs et dans ses bases que l'est la nôtre, il faut nécessairement un art qui soit en accord plus étroit avec ses besoins, ses aspirations, ses exigences. Aussi, dans le domaine des choses de l'art, comme dans la science, comme dans la philosophie, comme dans notre milieu social, tout est-il, à cette heure, en travail de renouveau : forme, langue, méthode, poétique, enseignement.

Que va donc être l'art de demain, l'art de l'avenir ? Interprète sans doute fidèle d'une société rationaliste et positiviste dans sa philosophie

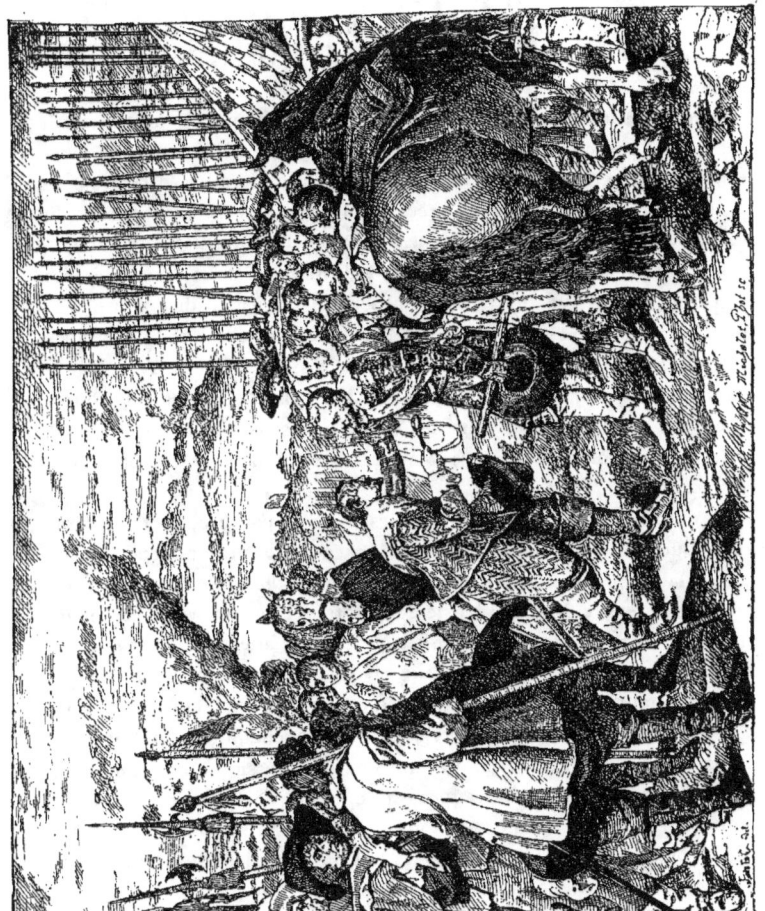

LA REDDITION DE BREDA. (LES LANCES.)

(Musée de Madrid.)

comme dans sa science, et plus attentive par cela même à la plus petite découverte dans l'infini des choses réelles qu'aux abstractions métaphysiques et aux théories spéculatives, à quels nouveaux au delà, à quelles nouvelles inspirations, à quel *idéal* enfin cet art ira-t-il demander son but et ses fins suprêmes ? Si nous savons quelles formes préférées, quelle expression définitive le sollicitent à cette heure et l'attirent, nous nous demandons encore quelle acception, quel sens précis acquerra demain cette puissance créatrice que nous évoquions tout à l'heure, cette force indisciplinable, personnelle à l'artiste, cette chimère ailée et capricieuse qui l'emporte et le jette hors du réel, tranforme sa prose en poésie, et du positif et du vrai fait le relatif et l'imaginaire. Curieuse énigme que celle-là ! Si le sens en demeure encore à demi caché sous les voiles des temps prochains, sa mystérieuse obscurité n'a rien, du moins, qui inquiète les virils esprits : ils savent que la science n'est pas pour rapetisser l'infini ! Émancipé, grandi, inspiré par la science, l'art n'aura point à craindre que se resserrent ses horizons : librement il pourra s'élancer d'un plus sûr et plus haut vol ; son sens rigoureux de la vie et des réalités formelles suffira bien à le contenir, à le préserver des vertiges.

Si éloignées de notre sujet qu'elles puissent paraître, ces considérations touchant l'art contemporain et ses tendances ne sont cependant ni sans relation ni sans lien avec le sentiment esthétique que nous dégagerons de l'œuvre du plus réaliste des peintres. Le caractère de cet œuvre présente, en effet, de telles affinités et de si parfaites analogies avec les recherches d'exactitude, de sincérité et de d'absolu, naguère heureusement inaugurées par les paysagistes et poursuivies actuellement par notre école presque tout entière, que celle-ci rencontre assurément, en Velazquez, l'enseignement et les moyens d'expression qui répondent le mieux à ses aspirations. Velazquez est donc pour elle comme un précurseur, un initiateur. Autant par son mode d'interprétation de la vie que par la justesse de son observation des lois de la lumière, observation qui a chez lui quelque chose de rigoureux, de scientifique ; autant par ses habituelles méthodes d'exposition simple et claire d'un sujet, ou pris dans la vie réelle, ou ramené à la vie réelle, que par ses pratiques si originales, si neuves encore, Velazquez marque une telle avance sur son temps qu'il paraît plutôt appartenir au nôtre. Si même nous essayons de comparer ce saisissant relief, cette parfaite matérialité de nature et cet étonnant enveloppement d'air qui communiquent à ses peintures une si particulière intensité d'illusion et de vie, avec les productions factices, et encore si conventionnelles d'arrangement, de facture et d'aspect de nos plus hardis naturalistes, nous sommes presque tenté d'écrire que le peintre de Philippe IV parle déjà la langue des peintres de demain.

Et cette langue, ferme, arrêtée, définitive, complète, chez Velazquez, et pourtant déjà vieille de deux siècles, il nous semble pouvoir en dire, sans injustice, que nos *impressionnistes*, cette jeune avant-garde de l'école, commencent à peine encore à la balbutier.

Assurément aucune peinture autre que celle de Velazquez ne permettrait ces enjambements audacieux par-dessus la chronologie et n'autoriserait des rapprochements qu'on jugerait sans doute fantaisistes et excessifs, si l'œuvre n'était là pour témoigner de ce surprenant privilège d'inaltérable jeunesse et d'absolue modernité.

Il y a cinquante ans, le peintre Wilkie, visitant le musée de Madrid, était lui-même si vivement frappé de cette impression, qu'il écrivait à son ami Lawrence : « J'ignore si ma remarque peut passer pour neuve, mais je lui trouve, à ce peintre, comme un air de famille avec nous ; à tel point même que, si je me promène dans les deux galeries du musée où l'on a rassemblé ses œuvres, je me crois presque entouré de tableaux anglais. »

Depuis que l'Espagne s'est faite plus accessible, nos artistes, à leur tour, passent volontiers les Pyrénées et s'en vont à Madrid tenter d'arracher à Velazquez ses merveilleux secrets de vie. Louable préoccupation que celle-là, mais qui voudrait la pénétration patiente et l'effort soutenu, plutôt que la fougue et l'élan trop vite lassés. Aussi, en enregistrant quelques-unes de ces entreprises trop hâtivement menées et sitôt déçues, l'histoire de notre école dans ces vingt dernières années constate, non sans regrets, que les résultats en sont demeurés à peu près nuls ou à peine saisissables.

Deux des plus brillants talents de notre temps, Fortuny et Regnault, se sont, entre autres, essayés à cette lutte qui ne devait aboutir qu'à des mécomptes. Fortuny, le premier en date, tente la grande aventure ; puis, brusquement, nous le voyons abandonner Velazquez pour demander à Goya ce que sa couleur retient encore, dans les détails et l'esprit de sa facture, d'heureux et vivaces rapports avec la couleur et les méthodes du maître. C'était abandonner la réalité pour courir après l'ombre. Après

Fortuny, Henri Regnault arrive ému, débordant d'enthousiasme, devant l'œuvre de Velazquez. Tout de suite il commence une étude du tableau des *Lances*, il la prépare et l'ébauche avec cet entrain qu'il mettait à toutes choses ; mais bientôt il s'étonne et s'irrite devant les difficultés à vaincre ; trop tôt, peut-être, il désespère du succès et finalement il se rebute. On sait que sa copie, placée aujourd'hui dans l'École des beaux-arts, et dont la lourdeur est le moindre défaut, dut être terminée par une autre main que la sienne. Comme Fortuny encore, Regnault se consola de sa mésaventure en compagnie de Goya, et le portrait du *Général Prim* fut le résultat de ce nouveau courant d'études.

Mais de ce que Velazquez ne laisse pas aisément surprendre les secrets de son art tout génial, non plus que de ses libres et originales méthodes, s'ensuit-il que ces secrets, où l'on cherche peut-être des recettes de métier et des mystères de palette qui n'y sont pas, demeureront long-temps encore impénétrables ? Assurément non. Là où Fortuny et Regnault ont échoué parce que leur tempérament les entraînait plutôt d'un autre côté, et de préférence à la recherche du détail pittoresque, des rutilances et des curiosités de la couleur, d'autres réussiront qui seront en com-munion plus étroite avec le sentiment du maître. Au surplus, l'épreuve reste attirante et elle s'impose aux efforts de l'école naturaliste ; or nous avons déjà dit à quel ordre de préoccupations cette école obéirait en s'at-tachant à la poursuivre. Ces préoccupations, la critique elle-même les partage. Elle se propose et elle tente d'y répondre en étudiant ici la vie et les ouvrages du maître qui s'est pris le plus étroitement corps à corps avec la nature. Parmi tant d'intéressants et difficiles problèmes qu'agite, à cette heure, l'art en travail, il en est plus d'un que Velazquez a abordé et résolu ; l'objet de cette étude est précisément de dégager ces solutions.

CHAPITRE II

Don Diego de Silva Velazquez naquit à Séville le 6 juin 1599 [1]. Son
père s'appelait Juan Rodriguez de Silva, et sa mère Geronima Velazquez. L'exact Cean Bermudez, qu'il est toujours bon de consulter en ces
matières biographiques, observe, avec raison, que le nom véritable et
correct de l'artiste devrait s'écrire Rodriguez de Silva y Velazquez.
Cependant l'autre forme a prévalu, et elle prévalait déjà du vivant de
Velazquez ; le plus habituellement lui-même l'employait dans sa signature. C'est donc le nom de sa mère que Velazquez a adopté et immorta-
lisé ; et si nous relevons cette particularité, au sujet de laquelle les
biographes espagnols ne nous fournissent aucune explication plausible, c'est qu'elle lui est commune avec cet autre grand artiste, son
compatriote, son contemporain et aussi un peu son élève, qui eût dû
s'appeler Bartolome Esteban, et qui s'appelle Murillo dans l'histoire
de l'art.

Les ancêtres de Velazquez, du côté paternel, étaient d'origine portu-
gaise : il y avait près d'un siècle que la famille habitait Séville quand
lui-même vint au monde. Ses parents le destinèrent d'abord à quelque
carrière libérale ; on lui fit étudier la langue latine, les belles-lettres,
même la philosophie. Mais, comme on remarquait chez le jeune éco-
lier un penchant décidé pour le dessin, on ne contraria point cette
vocation qui se trahissait par toute sorte de croquis tracés en marge de

---

1. Voici le texte de l'acte de baptême de Velazquez, relevé sur les registres de la
paroisse de San Pedro :

« Ce dimanche, sixième jour du mois de juin 1599, moi, le licencié Gregorio de
Salazar, curé de cette église de San Pedro, à Séville, j'ai baptisé Diego, fils de Juan
Rodriguez de Silva et de doña Geronima Velazquez, son épouse. Son parrain a été
Pablo de Ojeda, habitant sur l'annexe de la paroisse de la Magdalena, que j'ai averti
de la parenté spirituelle par lui contractée. Daté *ut supra*.

(Signé) « *El licdo Gregorio de Salazar.* »

ses cahiers et de ses livres, et on le laissa librement étudier la peinture.

Les biographies nous racontent que Velazquez eut deux maîtres ; que le premier en date fut Herrera le Vieux, et le second, Pacheco, lequel n'hésite pas, dans son *Arte de la pintura*, à s'attribuer à peu près tout le mérite de cette grande éducation : la gloire en était aussi par trop tentante. Mais, en cela, Pacheco se vante et fait vraiment trop bon marché de la légitime part qui doit être dévolue à Herrera. On a beau nous dire que celui-ci était un homme fantasque, violent, quasi-insociable ; qu'il rudoyait ses élèves et les contraignait par ses brutalités à quitter son atelier, — ainsi qu'il en advint, du reste, de Velazquez, — nous n'en admettons pas moins que l'enseignement de Herrera a pesé sur le développement du talent de Velazquez, d'une autorité absolument formelle et indéniable.

Rien, au surplus, ne nous paraît plus contestable que cet accord, si facilement accepté par les biographes, de deux enseignements aussi opposés, aussi absolument disparates, et ayant concouru d'une part quelconque, même inégalement active, à la formation de ce génie. Il convient, à notre avis, d'écarter nettement toute présomption d'influence du côté de Pacheco, et, pour justifier cette hypothèse, il suffira, croyons-nous, d'en appeler à sa peinture. Si Velazquez apprit jamais quelque chose dans l'atelier de son futur beau-père, ce dut être assurément à n'imiter ni de près ni de loin ce peintre timide et froid, praticien des plus médiocres, plus casuiste et théologien qu'artiste, un lettré, un érudit, si l'on veut, en même temps qu'un grand discoureur sur les choses de l'art, parlant toujours de l'idéal italien, prônant le dessin de l'école florentine, vantant le coloris tempéré de l'école romaine, toutes belles et bonnes choses à l'endroit desquelles il n'a que des notions tout à fait insuffisantes, puisqu'il ne les possède que de seconde main, n'ayant jamais visité l'Italie.

Si courte, au contraire, qu'ait été la direction de Herrera, elle a laissé une profonde et durable empreinte sur le naissant génie de Velazquez. D'abord, Herrera était en tout l'opposé, l'inverse absolu de Pacheco. Il n'a rien, lui, des Italiens ; il est un Espagnol de pure race, un réaliste de riche et forte sève ; de plus, il est très peintre, franc de palette, extrêmement hardi, tout de jet, emporté, fruste d'aspect jusqu'à paraître farouche, mais puissant, vivant et débordant de caractère.

Si nous voulons, au surplus, retrouver chez le maître tout ce que lui a emprunté l'élève, nous n'avons qu'à regarder au Louvre le *Saint Basile dictant sa doctrine*, page de tournure à la fois magistrale et formidable qu'on a, à bon droit, placée en famille de chefs-d'œuvre, au Salon carré, et qui soutient fièrement les plus redoutables voisinages.

Notons d'abord entre les deux maîtres la plus parfaite conformité, la plus complète analogie dans le mode de sentir, de concevoir et d'exprimer un sujet, même mystique, dans sa réalité positive, humaine, bien en dehors de toute préoccupation idéale. Étudions ensuite les divers traits de détails qui les unissent si étroitement l'un à l'autre. Comme plus tard Velazquez, Herrera recherche de préférence pour ses modèles des types énergiques, nerveux, pleins de caractère, des physionomies rudes, tourmentées, très expressives, des têtes tannées, vieillies, aux chevelures grisonnantes et ébouriffées, aux barbes incultes; Herrera transmettra à son élève, et le legs est patent, son grand goût des colorations simples, sobres et mâles; tous deux aimeront également les noirs profonds, bleutés dans les reflets, doux et caressants à l'œil, et les beaux blancs qu'ils manient et font couler en pâtes transparentes, largement, grassement étendues; même habileté chez l'un et l'autre à nuancer, à varier toute la fine gamme des gris et à en tirer ce gris argentin, d'un si bel éclat, dont ils font de grandes clartés et des enveloppements de poussière aérienne tout autour de leurs masses; quant à ces forts accents, à cette touche vigoureuse, sûre et précise, qui accuse et modèle franchement les formes et donne aux personnages une telle matérialité de relief et de mouvement qu'ils en prennent on ne sait quel frémissement, quelle étonnante activité de vie, de qui donc Velazquez les aurait-il appris, si ce n'est de Herrera lui-même? Ne cherchons pas plus loin; s'il faut absolument un ancêtre à Velazquez, Herrera est assurément cet ancêtre.

Les biographes parlent aussi d'un troisième maître, un maître d'élection, Luis Tristan de Tolède, un des bons élèves du Greco : ils prétendent que le coloris de ce peintre aurait vivement frappé Velazquez et ne paraissent pas loin de croire que ce coloris aurait agi sur le jeune artiste à la manière d'une révélation. A parler franc, cette histoire de Tristan nous a tout l'air d'une légende. A l'époque où Velazquez apprenait à peindre, il pouvait déjà avoir vu à Séville quelques bonnes peintures du Greco, alors que, de Tristan, il ne s'y trouvait aucune œuvre qui eût fait quelque bruit. Que Velazquez ait étudié ce brave peintre, par exemple, pendant son premier ou son second voyage à Madrid, cela n'a rien d'impossible; mais il conviendrait dès lors de reporter la date de cette prétendue initiation à un moment où Velazquez a vu beaucoup de peintures et subi bien d'autres influences que celles de Tristan, influences moins passagères en tout cas et surtout moins contestables.

A la place de ce Tristan, que les biographes ne réservaient-ils ce rôle d'initiateur soit au Greco, soit à Ribera, soit à Zurbaran, dont les tableaux n'étaient pas rares à Séville? Les affinités d'école, les rapports génériques qu'on pourrait raisonnablement relever entre les premiers ouvrages de Velazquez et le mode de composition, les formules, les partis, même la couleur de ces peintres, ne seraient du moins ni aussi vagues ni aussi problématiques et invraisemblables.

Il y aurait bien encore un grand nom à joindre à ceux-là, celui de Rubens. Mais Velazquez ne se rencontrera avec Rubens qu'en 1628; et ce n'est qu'à cette date qu'il conviendra de dire quelles étroites relations s'établirent entre les deux maîtres et quels enseignements, quels fruits personnels en retira Velazquez.

A l'époque de la jeunesse de l'artiste, Séville avait conservé le monopole du commerce avec le nouveau monde; elle continuait de voir débarquer les riches cargaisons apportées par les flottes royales, les pesants galions, le long des rives de son Guadalquivir, au pied de sa *Tour de l'or;* mais elle n'était pas seulement la plus opulente cité qui se rencontrât dans les vastes possessions des rois de Castille, elle était encore un rayonnant foyer de culture artistique et intellectuelle. Les beaux esprits, les poètes, les historiens, les savants, les orateurs sacrés, les artistes, peintres et sculpteurs, architectes et orfèvres, y composaient alors une société éminemment active, polie, raffinée dans ses goûts, très éclairée, et qui se réunissait le plus souvent dans l'atelier même de Pacheco. Là on discutait librement les événements du jour; on appréciait les livres nouveaux; on y lisait les comédies nouvelles, les poésies fraîches écloses, même des sermons; plus volontiers encore on s'y entretenait de l'antiquité, de ses chefs-d'œuvre et de toutes les belles choses de l'art. Le poète Francisco de Rioja; le savant chanoine Pacheco, un frère du peintre; l'historien de Séville, Rodrigo Caro; le fondateur du *Cultisme,* Gongora; Pablo de Cespedès, à la fois peintre, architecte et poète, encore doublé d'un érudit, tout ce qu'il y avait enfin d'hommes mar-

quants ou illustres à Séville ou en Andalousie, se donnaient alors rendez-
vous dans cet atelier que Palomino appelle « la prison dorée de l'art ».
Il n'y avait pas encore bien longtemps, quinze ans à peine, que Cervantès

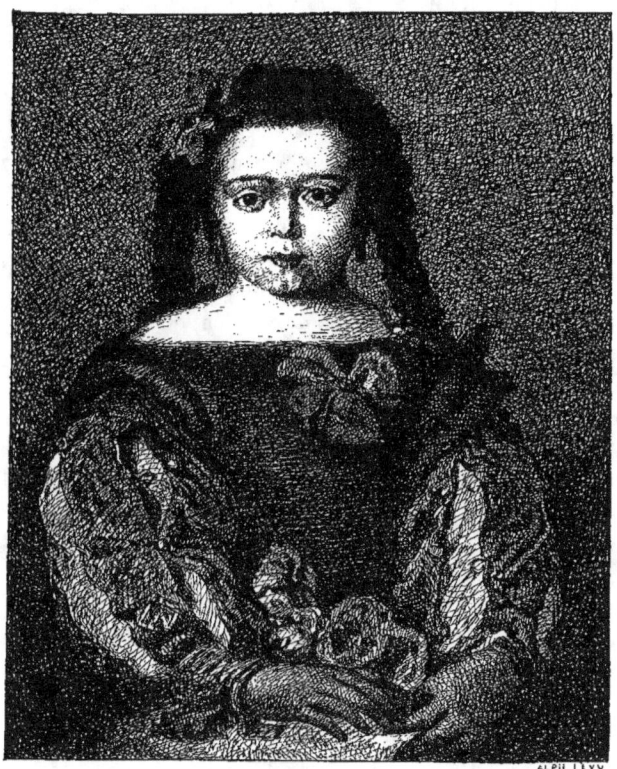

PORTRAIT DE LA FILLE DE VELAZQUEZ.
(Musée de Madrid.)

avait lui-même passé quelque dix années dans cette compagnie de lettrés
et d'artistes, tous ses amis. Tel était le milieu où grandit et se forma
Velazquez. Il explique l'homme délicat, distingué, élégant de manières,
en même temps que l'esprit ouvert, bien équilibré, réfléchi et finement
observateur que le grand artiste devait être toute sa vie.

N'ayant point rencontré en Pacheco le maître qui par ses leçons et ses exemples répondît aux instinctives préoccupations, aux besoins de certitude de son tempérament de réaliste et de peintre, Velazquez y suppléa en se traçant à lui-même tout un plan d'étude. Il jugea que la nature patiemment interrogée serait pour le développement de son talent un plus sûr et plus fécond enseignement que les doctes théories de son professeur. Dès lors, laissant Pacheco dogmatiser tout à son aise, il ne dessina et ne peignit plus aucun objet, aucune figure, qu'il ne l'eût devant les yeux. Il avait à son service un jeune esclave : il en fit son modèle, étudiant d'après lui des morceaux de nu, des gestes, des attitudes, surtout des expressions physionomiques extrêmement marquées, et cela jusqu'à ce que son pinceau eût traduit à son entière satisfaction les accents, les accidents caractéristiques de la pose, de l'expression cherchée. Il s'est conservé quelques-unes de ces premières et vives ébauches. Les musées de Vienne, de Munich, de l'Ermitage et quelques collections particulières en possèdent, et nous en avons vu paraître, en 1867, à la vente du graveur espagnol Peleguer, un curieux échantillon.

Vérification faite, soit *de visu*, soit au moyen de photographies, ces études, plus ou moins attentives ou serrées, sont bien en effet des *têtes d'expression*, toujours peintes d'après nature, cela va sans dire, le plus souvent encore au premier coup et presque constamment d'après le même modèle, dont le type est d'ailleurs aisément reconnaissable. C'est un jeune garçon, encore imberbe, brun de peau, à la chevelure épaisse, noire et crépue, aux yeux vifs et beaux, au nez légèrement busqué, assurément quelque Andalous ou quelque mulâtre.

Dans l'étude soigneusement peinte et très terminée qui appartient au musée de Vienne, il tient une fleur à la main et rit aux éclats, mais d'un rire qui sent les fatigues de la pose; à l'Ermitage, il rit encore, toujours de ce même rire figé; ailleurs, il larmoie ou grimace la douleur, comme dans le tableau de la collection Peleguer, où il mange de la soupe trop chaude[1]. Si ces esquisses peintes ne sont pas des chefs-d'œuvre, elles ne laissent pas cependant que d'être extrêmement intéressantes. On y démêle déjà non pas cette spontanéité facile, fertile en accidents heureux et qui se satisfait à bon marché, mais plutôt l'observation patiente, ten-

---

1. Ce *Mangeur de soupe* provenait des collections royales et avait figuré sur les inventaires du palais. La reine Maria-Luisa en avait fait don à Goya.

dant à un résultat précis, voulu, insistant pour l'obtenir et l'atteignant
à force d'application et de sincérité. La couleur en est saine, robuste ; les

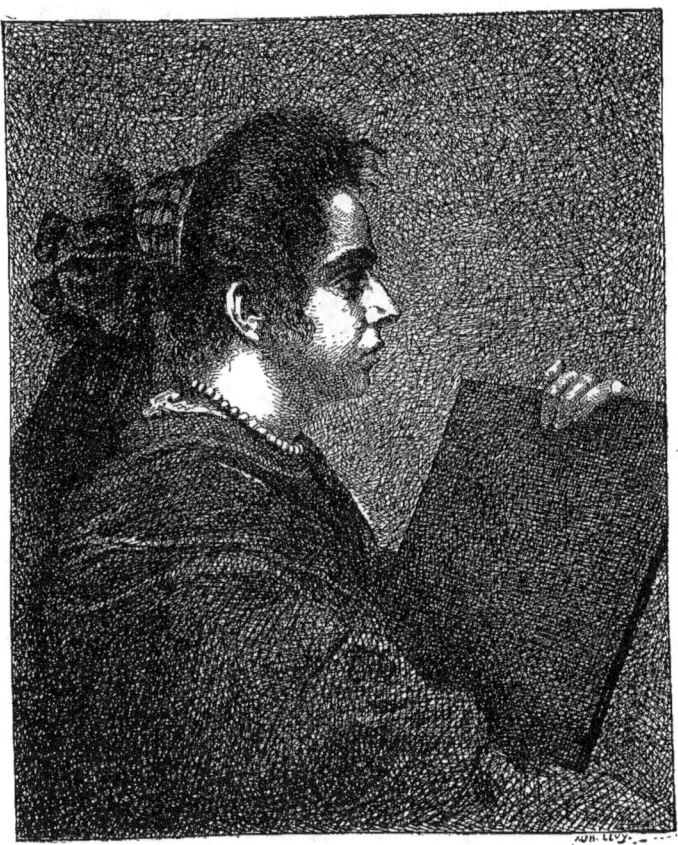

PORTRAIT DE JUANA PACHECO, FEMME DE VELAZQUEZ.
(Musée de Madrid.)

chairs ont de l'éclat, de la vie ; mais le modelé, très fouillé, très écrit, va
parfois jusqu'à la sécheresse, tant il vise à la précision et à la plus scrupuleuse justesse.

En même temps qu'il étudiait avec cette énergique application le modèle vivant, Velazquez s'efforçait d'acquérir de plus libres pratiques dans le maniement de la couleur et surtout d'observer et de rendre dans sa vérité textuelle le ton local et positif en peignant un grand nombre de sujets de nature morte, des *bodegones*, ainsi qu'on les désigne en Espagne. Des fruits, du gibier, des ustensiles de ménage, des poissons, des dessertes de table, tout lui était bon à peindre, pourvu que les modèles fussent pittoresques de forme et riches de ton. Une de ses toutes premières productions en ce genre existait dans la collection Salamanca : c'était l'*Intérieur d'une posada*. Le peintre y avait placé trois figures, vues à mi-corps, de grandeur naturelle, assises autour d'une table recouverte d'une nappe blanche, avec des pains, des vases, des couteaux; aux lambris de la pièce pendaient des quartiers de viande et des guirlandes de saucissons. Le musée de Valladolid possède aussi une de ces curieuses compositions où s'essaya le naturalisme de Velazquez. Auprès d'un plantureux amas de légumes, de melons, de gibier de poil et de plume, confondus, mêlés à des quartiers de chair saignante et à des ustensiles de cuisine, le peintre a placé deux figures traitées dans des proportions naturelles.

Ces peintures, ces études pour mieux dire, se distinguent en général par une imitation beaucoup trop littérale et minutieuse de l'aspect et du détail des choses; chaque morceau, chaque partie a de la valeur et de l'importance; tout y est souligné et l'on n'y rencontre ni sous-entendu ni sacrifice. La couleur — chaque détail pris à part — en est juste : c'est bien le ton vrai que l'artiste a posé, le ton absolu et non le ton relatif, qui tient compte du plan qu'occupent les choses, de l'air interposé et des dégradations de la lumière. Ici, au contraire, Velazquez prodigue indifféremment les valeurs, les vigueurs, les accents; aussi le résultat obtenu est-il une peinture sèche, aiguë, presque revêche d'aspect, sans relief, sans enveloppe et sans plan. Voilà par quels essais, quels tâtonnements véritablement naïfs débuta le maître qui, selon la belle expression de Moratin, devait en arriver à peindre « jusqu'à l'air ».

Cette période d'études préliminaires, entreprises dans l'isolement et exclusivement poursuivies dans le sens de l'observation directe, étroite et presque impersonnelle de la réalité, dura environ cinq années. Elle est marquée, à sa fin, par quelques compositions importantes, peintes entre 1618 et 1623, comme le *Vendeur d'eau de Séville*, « *el Aguador de*

Sevilla », que Ferdinand VII donna à Wellington ; l'*Adoration des ber-*
gers, acquise, en 1853, par la *National Gallery* à la vente du roi Louis-
Philippe et qui a figuré dans la galerie espagnole du musée du Louvre ;
l'*Adoration des rois*, du musée de Madrid, qui porte la date de 1619 ;
et quelques autres compositions : un *Saint Jean écrivant l'Apocalypse*
et une *Conception*, citées par Cean Bermudez dans son dictionnaire
comme appartenant au couvent du Carmen Calzado de Séville et qui ont
disparu.

Devant ces premières et importantes productions de la jeunesse de
l'artiste, il est impossible de méconnaître à quel ordre de préoccupations
intimes il cède et à quelles influences de race, de milieu et d'école il
obéit en les composant et en les peignant. Herrera le Vieux, Ribera,
Zurbaran, en pourraient tour à tour revendiquer quelque part dans le
goût, dans l'arrangement de la scène et dans l'invention même. C'est
encore leur construction, leurs draperies, leurs méthodes, leur éclairement artificiel avec de grands et violents partis de clairs et d'ombres ;
l'observation et les qualités innées, personnelles de Velazquez n'apparaissent et ne se retrouvent que dans l'énergie et la sincérité du modelé,
la disposition plus naturelle des poses et de quelques draperies, le choix
de quelques tons déjà rares et bien particuliers, mais tout cela mêlé,
amalgamé de souvenirs et d'impressions antérieures beaucoup trop
vivaces qui, s'étant fortement imposés à sa rétine, persistent et par-
viennent, malgré peut-être qu'il en ait, à se faire jour.

En l'année 1618, alors qu'il n'avait encore que dix-neuf ans, Velazquez épousa la fille de Pacheco[1]. Cette union fut-elle le dénoûment d'un

1. Voici l'acte de fiançailles et de mariage de Velazquez, relevé au folio 18 du
livre des Mariages de la paroisse de San Miguel :

« Le lundi, vingt-troisième jour du mois d'avril de l'année 1618, moi, le bachelier
Andrès Miguel, curé de l'église de San Miguel de cette ville de Séville, après les trois
publications de droit autorisées par le mandement de D. Antonio de Covarrubias,
juge de la sainte église de cette dite ville, signé par lui et par Francisco Lopez, notaire,
à la date du cinquième jour du mois d'avril de ladite année, j'ai déclaré fiancés et
valablement promis en mariage Diego Velazquez, fils de Joan Rodriguez et de doña
Geronima Velazquez, natif de cette ville, conjointement avec doña Joana de Miranda,
fille de Francisco Pacheco et de doña Maria del Paramo. Ont été témoins : le docteur
Acosta, prêtre ; le licencié Rioja et le P. Pavon, prêtres, et un grand nombre d'autres
personnes. Et ensuite, ce même jour, mois et année, j'ai marié et donné les bénédic-
tions nuptiales aux susdits. Les parrains ont été : Joan Perez Pacheco et doña Maria
de los Angeles, sa femme, habitant sur la paroisse de la cathédrale. Étaient présents

roman d'amour ou le résultat de convenances réciproques? Tout ce que nous pouvons dire, c'est que doña Juana fut une digne et aimante épouse, qu'elle lui donna une première petite fille, Francisca, treize mois après leur mariage, et une seconde, Ignacia, en 1621; celle-ci ne paraît point avoir dépassé la toute première enfance[1]. Pendant quarante années, doña Juana fut la compagne de Velazquez. Quand il mourut, elle mourut elle-même. Quel plus éloquent témoignage d'étroite sympathie de cœur et d'absolu accord entre les deux époux que ces quarante années s'écoulant sans nuages, que cette union qui se poursuit jusque dans la mort? Au reste, tout est simple, honnête et droit dans le caractère comme dans l'existence de Velazquez : le temps que ne lui prennent pas les soins de ses charges lorsqu'il est en possession de la faveur de Philippe IV, il le passe près des siens et l'emploie à peindre. Pas l'ombre d'une intrigue ou seulement d'une aventure romanesque ou douteuse dans cette vie, vouée au travail, au culte de son art et à l'accomplissement de ses devoirs; cette belle et noble vie de Velazquez, on la pourrait résumer d'un mot : il y fait clair comme dans sa peinture.

Fille d'un peintre, doña Juana Pacheco peignait sans doute quelque-

---

les susdits témoins et beaucoup d'autres personnes. En foi de quoi, j'ai signé de mon nom et daté comme dessus.

(Signé) « *Le bachelier* ANDRÈS MIGUEL. »

1. Voici les actes de baptême des deux filles de Velazquez; ils sont extraits des registres de la paroisse de San Miguel, pour les années 1619 et 1621 :

« Ce dimanche, 18 de mai et jour de Pâques de l'Esprit-Saint, moi, maître Sancho de la Torre, curé de cette église de San Miguel, j'ai baptisé *Francisca,* fille de Diego Velazquez et de doña Juana de Miranda, sa légitime épouse. Le parrain a été Esteban Delgado, habitant sur la paroisse de Saint-Laurent, à qui j'ai rappelé les dispositions du sacré concile. Certifié et daté comme dessus.

(*Signé*) « Mᵉ SANCHO DE LA TORRE. »

« A Séville, ce vendredi 29 de janvier de l'année 1621, moi, le docteur Alonso Baena Rendon, bénéficiaire et propre curé de cette église de San Miguel, j'ai exorcisé et oint du saint chrême *Ignacia,* déjà baptisée dans sa maison, fille de Diego Velazquez et de doña Juana Pacheco, sa légitime épouse. A été parrain Juan Velazquez de Silva, habitant sur la paroisse de Saint-Vincent, à qui j'ai rappelé les empêchements dirimants. Et j'ai signé et daté comme dessus.

(*Signé*) « LE Dʳ ALONSO BAENA RENDON. »

Cette seconde fille, Ignacia, avait sans doute été en péril de mort, puisque l'acte ci-dessus constate qu'il avait fallu la baptiser sur-le-champ et dans la maison du père. Nous croyons, au surplus, qu'elle ne vécut pas longtemps.

fois, car Velazquez, dans un de ses portraits, l'a représentée dessinant. Ce portrait, nous le retrouverons au musée de Madrid ainsi que la curieuse ébauche, accompagnée du portrait terminé qu'il a peint d'après sa fille Francisca. Plus tard nous rencontrerons aussi au musée de Vienne la famille entière de l'artiste, mais accrue d'un gendre, le peintre Mazo Martinez, et de six petits-enfants.

CHAPITRE III

Bien qu'il n'ait pas dépendu des hautes visées de Pacheco que le génie naissant de celui qu'il appelait « son élève » n'ait dévié de sa véritable voie, on ne saurait cependant méconnaître que, d'assez bonne heure, le docte professeur sut du moins pressentir ce qu'il y avait de saines et fécondes promesses en germe au fond de ce franc tempérament de peintre, si peu maniable, rebelle même aux enseignements abstraits et si entêté, par contre, de ses exclusives recherches du vrai, du naturel en toutes choses et des seules réalités vivantes et formelles. Aux savantes, aux ambitieuses théories de son beau-père, toujours prêt à évoquer les noblesses, les sublimités de style de l'école raphaélesque, Velazquez simplement se bornait à répondre qu'« il préférerait de beaucoup devenir le premier dans la représentation des sujets vulgaires que de n'être que le second dans la peinture des sujets d'un ordre élevé » [1]. Mais, dès qu'il eut peint l'*Aguador* et les deux *Adorations*, tout ce qu'il y avait à Séville de bons juges et d'amateurs éclairés ayant applaudi avec enthousiasme à ces premiers ouvrages, Pacheco n'osa plus douter des grandes destinées que l'avenir semblait réserver à son gendre. Lui-même pressa dès lors Velazquez d'aller s'enquérir à Madrid d'un champ d'études plus vaste et d'un plus glorieux emploi de son talent. Pour l'y aider, il le munit de lettres de recommandation adressées à ceux de ses amis ou de ses compatriotes que leur rang, leur situation à la cour mettaient à même de protéger le plus efficacement les débuts du jeune peintre. Au mois d'avril 1622, Velazquez, accompagné de son esclave le mulâtre Pareja, entreprenait son premier voyage à Madrid.

Il y fut admirablement accueilli par les deux frères D. Luis et D. Melchor de Alcazar, celui-ci poète déjà célèbre, mais que la mort allait prendre tout jeune encore, et plus particulièrement par D. Juan

---

1. « *Que mas queria ser primero en aquella groseria, que segundo en la delicadeça.* » Palomino, *Vida de los Pintores eminentes españoles*, p. 323.

Fonseca, chanoine et dignitaire du chapitre de Séville, et huissier du rideau du roi, auprès duquel il remplissait également les fonctions d'aumônier. D. Juan Fonseca aimait beaucoup les arts et peignait un peu lui-même ; il mit tout de suite sa haute influence au service de son hôte ; par lui, le puissant premier ministre de Philippe IV, le comte-duc d'Olivarès, fut sollicité de s'intéresser à l'artiste, et il alla jusqu'à demander au roi qu'il accordât à Velazquez l'honneur de faire son portrait. Mais un déplacement de la cour, ou quelque autre contre-temps, ne permit pas que cette démarche eût une suite immédiate, et, après un séjour de quelques semaines employées à visiter les richesses artistiques des demeures royales et les galeries des grands, Velazquez revint attendre à Séville le résultat de tant et de si chaudes recommandations. Il n'attendit pas longtemps.

A Madrid, et à la demande de Pacheco, — qui s'occupait de former une collection des portraits de ses contemporains les plus illustres, — Velazquez avait peint un portrait, celui du « Pindare » espagnol, du fondateur du *cultisme*, du célèbre Gongora. Le poète, chapelain honoraire de Philippe IV, avait alors plus de soixante ans. Velazquez l'a représenté en buste de grandeur naturelle, en costume noir rehaussé d'un bout de col blanc rabattu, la mine sévère, hautaine, presque revêche. C'est là une peinture très physionomique, mais encore bien peu personnelle, et dont on a grand'peine aujourd'hui à démêler la facture ferme, serrée et très attentive, mais sèche d'aspect, à l'égal des premières études du maître, sous les couches accumulées des vernis rancis, craquelés, presque opaques. Au musée du Prado, où se trouve ce portrait, on l'attribuait jadis à Zurbaran ; le nouveau Catalogue, publié par D. Pedro de Madrazo, l'a restitué, sur preuves, à Velazquez ; mais l'erreur primitive était parfaitement plausible.

Dès les premiers mois de l'année 1623, Fonseca fit parvenir à Velazquez une lettre du comte-duc d'Olivarès l'invitant à se rendre immédiatement à Madrid, et lui remettant une somme de cinquante ducats pour l'indemniser de ses frais de route. Cette fois, Pacheco fut du voyage.

Quelques jours après son arrivée, le jeune maître fit le portrait de Fonseca[1]. A peine terminé, ce portrait était porté au palais et montré

1. Ce portrait ne se trouve actuellement mentionné sur aucun catalogue. La tradition nous fait malheureusement défaut à l'égard d'un assez grand nombre de portraits

au roi, aux infants, aux plus grands personnages de la cour. Il obtint un vif succès. Ce fut là le point de départ de la fortune de Velazquez. A l'instigation du comte-duc, Philippe IV l'attachait tout de suite à son service ; il lui allouait en même temps pour salaire une somme de vingt ducats par mois [1].

Velazquez eut d'abord ordre de commencer le portrait du cardinal-infant D. Fernando ; mais, se ravisant, le roi voulut poser le premier devant l'artiste pour un grand portrait équestre. Le travail fut entrepris, puis interrompu par l'arrivée à Madrid du prince de Galles, accompagné de Buckingham. On sait que ce voyage avait pour but un projet de mariage entre l'héritier de la couronne d'Angleterre et une infante d'Espagne. Les négociations, que la politique d'Olivarès fit échouer, se prolongèrent pendant cinq mois ; elles furent l'occasion de fêtes splendides au milieu desquelles le roi, très empressé à exercer sa fastueuse hospitalité, ne trouva que bien peu d'instants à donner à son peintre.

Dans son *Arte de la pintura*, Pacheco nous apprend que son gendre commença, entre temps, un portrait du prince de Galles, et que celui-ci

peints par Velazquez et classés aujourd'hui dans les musées et les collections sans désignation aucune du nom du personnage représenté. Toutefois on peut admettre pour celui-ci que sa facture ne devait pas être sensiblement différente de celle du portrait de Gongora, non plus que des portraits d'*inconnus*, n°* 1103 et 1104 du musée du Prado, qui datent de la même époque.

1. Palomino et Cean Bermudez assignent à l'ordre royal qui réglait la situation de Velazquez la date du 6 avril 1623.

M. Zarco del Valle a retrouvé aux archives du palais de Madrid l'ordre original parafé de la main de Philippe IV, mais daté seulement du 6 octobre de la même année ; cet ordre, confirmant de tous points les prescriptions royales indiquées plus haut, est adressé à D. Pedro de Hoff Huerta, secrétaire de la *Junta de Obras y Bosques* (arch. Liasse 139. Maison de Ph. IV).

Sous la date du 28 octobre 1623, il existe au même dossier une note adressée à Philippe IV, par D. Pedro de Hoff Huerta, relative à la fixation des émoluments de l'artiste. Le secrétaire de la *Junta de Obras y Bosques* y explique que le décret royal ayant omis de déterminer si, indépendamment du salaire attribué à Velazquez, *ses ouvrages devraient lui être payés à part*, il a cependant formulé la nomination avec cette dernière réserve, tout en ne dissimulant pas que divers précédents pourraient autoriser une interprétation moins libérale ; il cite même à cette occasion la clause du brevet de Bartolome Gonzalez, entré en 1617 au service du roi, par laquelle il n'était attribué à ce peintre que 16 ducats de salaire par mois, *sans qu'il eût droit à rien prétendre pour le prix de ses ouvrages.*

En marge de cette note, Philippe IV s'est borné à donner son approbation d'un mot et à la rubriquer de son parafe.

envoya, comme témoignage de sa satisfaction, cent écus à l'artiste. Il
serait impossible aujourd'hui de dire quel sort eut, par la suite, cette
intéressante ébauche. On ignore même si Charles l'emporta en Angleterre, car on ne la voit point figurer dans le catalogue de sa collection.
Ce qui n'empêche qu'en 1847 un portrait du prince de Galles fut exposé,
à Londres, par son propriétaire M. John Snare, comme étant indubi-
tablement l'œuvre perdue de Velazquez. Il provenait de la galerie du
comte de Fife, mort en 1809. De savantes expertises, d'ingénieuses cri-
tiques, tout un monde de brochures, même des procès, ne purent aboutir à faire la lumière autour de cette peinture dont l'authenticité est
demeurée plus que douteuse, et que M. W. Stirling dit avoir été finalement transportée et vendue en Amérique.

Vers la fin du mois d'août 1623, Velazquez avait à peu près terminé
le portrait de Philippe IV. Le roi s'en montra si ravi, qu'après avoir
ratifié les primitifs arrangements pris à l'égard de l'artiste, il lui assigna
une gratification de trois cents ducats pour qu'il s'installât lui et sa
famille à Madrid. Toujours à l'instigation d'Olivarès, il alla jusqu'à
ordonner que tous ceux de ses portraits qu'avaient peints les deux
Carducci, Eugenio Cajesi et Angelo Nardi, seraient retirés des palais,
et que, désormais, Velazquez seul aurait le privilège de reproduire ses
traits.

Ce premier portrait équestre de Philippe IV, exposé tout un jour de
fête à l'admiration de la foule devant l'église de San Felipe el Real et
que Velez de Guevara, Geronimo Gonzalez, Pacheco et d'autres poètes
encore célébrèrent en strophes singulièrement emphatiques, n'existe
probablement plus. A dater de l'inventaire dressé après la mort de
Charles II, la mention qui en était faite et qui le décrivait comme figurant au palais de la Trésorerie et dans l'appartement même de l'*aposentador*, ne se retrouve sur aucun des inventaires postérieurs. Depuis
cette époque, nul indice, nulle trace de cette précieuse toile qu'on
peut supposer avoir été détruite dans quelque incendie au palais, comme
tant d'autres richesses d'art également disparues. Mais, si nous n'avons
plus sous les yeux l'ouvrage tant applaudi en prose et en vers par les
contemporains, et qu'il aurait été d'un si grand intérêt de rapprocher de
cet autre portrait équestre, actuellement conservé au musée du Prado
et dont l'exécution date d'environ vingt ans plus tard, il nous reste du
moins l'une des études préparatoires peintes par Velazquez en vue de son

tableau définitif, ainsi qu'un portrait de Philippe IV, en pied, exécuté à la même époque. Rien donc de plus aisé, en étudiant ces deux peintures, que de se rendre compte des progrès réalisés dans la manière de l'artiste depuis son départ de Séville.

L'étude en question est cataloguée au musée de Madrid sous le nº 1071. Philippe y est représenté un peu plus qu'à mi-corps, revêtu de son armure d'acier bruni, traversée d'une large écharpe rose. La collerette, la *golilla*, est de cette forme large, empesée, s'évasant légèrement en corolle et d'où émerge la tête. Le roi n'a guère que dix-huit ans; ses cheveux, relevés sur le front, sont coupés court derrière la tête; deux mèches tordues en spirales descendent le long des tempes et cachent les oreilles; sur sa lèvre supérieure il n'y a pas encore apparence de ces belles moustaches, affilées en pointe, qu'il retroussera si galamment plus tard, et dont il prendra soin au point de les enfermer, la nuit, dans ces sortes d'étuis parfumés qu'on appelait des *bigoteras*. Il faut prendre garde que, dans ce portrait on ne peut plus vivant d'aspect, d'un coloris clair et délicat, d'un modelé extrêmement fin, obtenu d'une touche légère et comme fondue, la tête seule appartient, comme exécution, à la date de 1623; le surplus est d'une facture large, délibérée, et par conséquent très postérieure.

Le portrait de Philippe, peint en pied et entièrement vêtu de noir, est catalogué, au musée du Prado, sous le nº 1070. Il date, à quelques mois près, du même temps que l'étude précédente. Seul, l'ovale si allongé du visage, mais un peu plus plein de forme dans l'étude, semble s'être amaigri et un peu plus allongé. De la main droite, le jeune roi, l'air pensif, ennuyé, tient une lettre; l'autre s'appuie sur le rebord d'une table, qu'une singulière faute de perspective recule à un plan évidemment un peu trop éloigné. Les mains sont superbes; la tête, très expressive et physionomique, prouve que Velazquez possède déjà pleinement les traits extérieurs et les habitudes intimes de son royal modèle. L'observateur pénétrant et doué au plus haut titre de cette naïveté, à la fois soumise et forte, qu'exige pour être sincère l'étude de la figure humaine, est déjà doublé en Velazquez d'un exécutant remarquable. Son dessin est parfait de fermeté; son modelé, précis et désormais sans sécheresse, accuse finement le relief par des demi-teintes délicates, transparentes; enfin c'est un charme pour l'œil que de s'arrêter sur les noirs variés du costume, d'en distinguer, d'en pénétrer les nuances, l'éclat, la douceur, la souplesse,

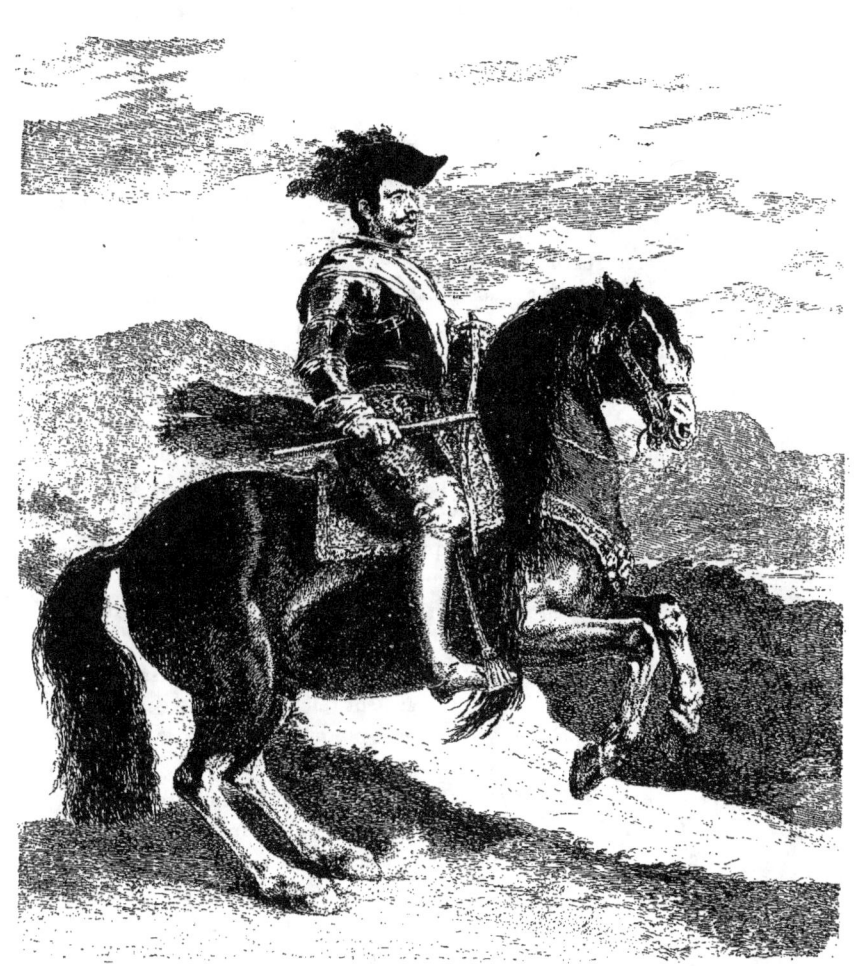

PORTRAIT ÉQUESTRE DE PHILIPPE IV.
(Musée de Madrid.)

la profondeur. Tout est déjà de la plus haute tenue dans cette peinture
sévère, très serrée de tissu, concise, mate, homogène et comparable,
pour l'habileté et la construction patiente, aux portraits les plus achevés
d'Antonio Moro. Mais, sous la recherche et la tranquillité presque
hollandaise de cette première manière, se cache un tempérament d'ana-
lyste, de chercheur, d'inventeur, encore retenu et comme gêné par les
formules apprises, qui ne tardera guère à s'émanciper et à trouver, dans
l'emploi d'une pratique nouvelle, moins hésitante et timide, une forme
non pas définitive, mais déjà plus particulière et personnelle.

Les caractères que nous venons de noter dans ce superbe portrait de
Philippe IV se retrouvent, mais plus affermis encore, dans le portrait en
pied de l'infant don Carlos, frère puîné du roi, que Velazquez dut
peindre entre 1626 et 1627. L'infant y paraît avoir, en effet, un peu plus
qu'une vingtaine d'années, il était né en 1607. Même fière tournure,
même distinction, même soigneuse et délicate exécution, même habileté
à manier, à nuancer la gamme des noirs, opulents, soyeux, pénétrables
à l'œil et rendant si bien l'apparence, le grain, le moelleux, la richesse
des tissus. Dans leur tonalité à la fois si sobre et si grave, ces deux beaux
portraits sont d'une réalité, d'une puissance de relief et d'effet qui vous
frappent d'autant plus qu'on se rend mieux compte de l'extrême simplicité des moyens employés par l'artiste. Esprit clair et praticien
logique, Velazquez n'y a apporté d'autre préoccupation que d'être sincère, compréhensible et véridique. Ce sont là, il faut y insister, deux
œuvres admirables, simplement, naïvement reflexes, conçues et peintes
en dehors de tout esprit de système ; en somme et pour les caractériser
d'un mot, des œuvres de pure bonne foi.

A cette première période, où l'artiste se subordonne entièrement à
son modèle et ne trahit d'autre ambition que de le peindre ingénument,
sans artifice de pratiques comme aussi sans grandes audaces, il convient
de rattacher ces portraits de *personnages inconnus*, catalogués au musée
de Madrid sous les numéros 1103 et 1104, et qui datent certainement
des années 1624 à 1627, ainsi qu'un troisième portrait, celui de Alonso
Martinez de Espinar [1], gentilhomme de la chambre du prince don Baltazar Carlos, porte-arquebuse du roi, et auteur d'un curieux traité de

---

1. Ce portrait de Alonso Martinez de Espinar, fort bien gravé par Juan de Noort
d'après l'original de Velazquez, figure en tête de l'édition de 1644 (Madrid, imprenta
real) de l'*Arte de Ballesteria y Monteria*.

vénerie, intitulé *Arte de Ballesteria y Monteria*. Ce personnage, Velazquez l'a représenté plus d'une fois et nous le retrouvons, notamment,
dans la superbe *Chasse aux cerfs*, enlevée au palais de Madrid par
Joseph Bonaparte, et vendue par lui à lord Ashburton, qui la conservait
dans sa galerie de Londres. Et puisque nous en sommes sur ce sujet des
chasses de Philippe IV, nous noterons que c'est précisément autour de
la date de 1626, que Velazquez commença de s'essayer à ces charmantes
compositions, où il a reproduit des épisodes variés et toutes sortes de
scènes pittoresques et mouvementées, dont les chasses royales lui four-
nissaient les motifs, et qu'il encadrait dans des paysages étudiés sur
nature. Dès cette même époque, l'artiste eut souvent aussi à peindre des
chevaux, des chiens et jusqu'à des *massacres de cerfs*. Ces dernières
reproductions, destinées à rappeler le souvenir de quelque merveilleuse
prouesse de Philippe, allaient décorer les résidences royales. Les inventaires, conservés aux archives du palais, et dressés en 1637, 1686, 1700
et successivement, enregistrent nombre de peintures de Velazquez,
représentant tantôt « *le bois d'un cerf abattu de la main du roi Philippe IV, en l'année 1626* », « avec une légende explicative » ; tantôt :
« *une tête et un bois de cerf* », mentionnés par l'inventaire comme étant
en mauvais état de conservation ; ou encore : « *quatorze massacres de
cerfs et de daims* », formant huit tableaux [1]. On retrouve également sur
ces inventaires quelques indications très sommaires, mais très précises,
relatives à certaines études du maître qui ont disparu. Ainsi de deux
études représentant « *deux chevaux, l'un bai, l'autre bai brun* », cata-
loguées à la mort de Charles II et signalées comme formant pendants à
d'autres études de chevaux peintes par Ribera ; ainsi encore d'une
esquisse de « *deux chevaux avec deux cavaliers* », inscrite au même
inventaire de 1700, d'un « *paysage avec un pélican et diverses figures* »
et d'un *bodegon*, représentant une table chargée de diverses pièces de
vaisselle, d'un *cantaro*, avec deux personnages assis et vus à mi-corps.

1. Quelques-uns de ces sujets de chasse décoraient, sous le règne de Charles II,
le pavillon appelé la Torre de la Parada, près du Pardo. Dans l'inventaire dressé après
la mort de Charles II, figure une peinture de Velazquez avec la description suivante :
« *Chasse où le roi Philippe, accompagné de ses frères D. Carlos et D. Fernando,
poursuit un sanglier et crève un cheval.* » Ce tableau, qui ne se retrouve plus sur les
inventaires postérieurs, nous paraît avoir été exécuté avant 1632, date de la mort de
l'infant D. Carlos et plus probablement encore avant 1629, puisque Velazquez entre-
prit, cette même année, son premier voyage en Italie.

La liste de ces études disparues, et datant pour la plupart de la période de 1624 à 1627, peut être accrue de diverses autres peintures ou ébauches mentionnées par l'abbé Ponz dans son *Viage de Espana* et par Cean Bermudez dans son *Diccionario*. Le premier indique comme appartenant à l'infant Don Luis, gendre de Charles IV, quelques études authentiques du maître ; il cite, entre autres, un *Hibou* et des *Têtes de fauves*, qui se trouvaient de son temps au château de Villaviciosa, près de Chinchon, et le second note un *Chien couché sur un coussin*, comme faisant encore partie, au commencement de ce siècle, des tableaux placés au Buen-Retiro.

On ne sait ce qu'est devenue une *Chasse aux sangliers, au Pardo*, inventoriée en 1637, puis en 1686, et pour la dernière fois en 1772. Cette composition, dont l'exécution remontait très probablement à la période antérieure au premier voyage de Velazquez en Italie, avant 1629 par conséquent, différait notablement d'arrangement avec la superbe et vivante *Chasse au Hoyo*, acquise en 1846 par la *National Gallery*, qui ne fut peinte, d'ailleurs, par Velazquez que postérieurement à 1651 : de cette seconde *chasse*, le musée du Prado possède une excellente copie de la main de Goya.

Particularité curieuse ! A l'exception de cette copie, on ne rencontre plus aujourd'hui, en Espagne, ni dans les musées, ni dans les palais, ni même dans les galeries particulières, un seul spécimen important de ces belles scènes de chasse, si mouvementées de composition, où l'artiste aimait à faire figurer, au milieu de quelque site pittoresque, pris aux alentours de l'Escurial ou du Pardo, le roi, la reine, les infants, avec leur cortège habituel d'officiers du palais et de gentilshommes vêtus d'habits de campagne aux couleurs vives et tranchées. Bien que relativement très pauvre en ouvrages importants du maître, notre musée du Louvre [1] peut, du moins, montrer cette attentive et fine étude, intitulée

---

1. Puisque le hasard de cette digression nous a amené à parler des Velazquez du Louvre, nous la mettrons à profit pour demander à l'administration du musée d'enlever au portrait de *Don Pedro Moscoso de Altamira* l'attribution gratuite et contre toute vraisemblance qui en est faite à Velazquez.

Ni en 1633, date lisiblement inscrite sur ce portrait, pas plus qu'à une époque quelconque, Velazquez n'a point de cette touche onctueuse, molle et creuse. L'ouvrage est au surplus signé d'un monogramme, formé des lettres A et N entrelacées, qui n'a guère de rapport, on en conviendra, avec l'attribution si arbitrairement inscrite au *Catalogue*.

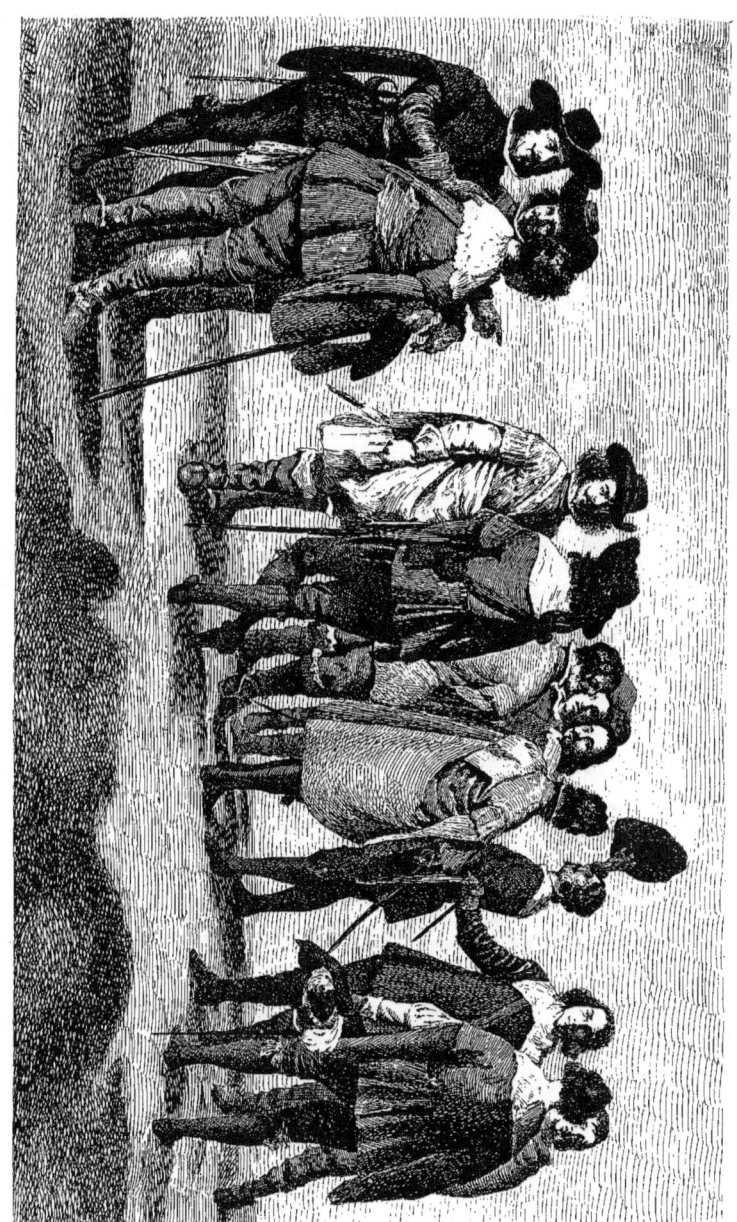

RÉUNION DE GENTILSHOMMES.

(Musée du Louvre.)

au Catalogue on ne sait trop pourquoi : *Réunion de portraits*, alors qu'il serait plus rigoureusement exact de l'appeler *Réunion de gentils-hommes*. Il n'y a guère apparence, en effet, que dans cette esquisse, assez poussée en ses détails et reprise peut-être à l'atelier d'après quelque croquis sommaire fait sur nature dans le dessein d'en utiliser l'arrangement, les contrastes d'attitude et de costumes pour quelque composition définitive, Velazquez ait voulu peindre autre chose que ce que nous y voyons : des personnages habilement groupés. Mais quant à y retrouver les portraits des artistes célèbres, ses contemporains, entre autres le sien propre ou celui de Murillo, il y faudrait les yeux de la foi.

Nous croyons que cette étude se rattache, par son exécution encore timide et hésitante en quelques parties, à la période de 1626 à 1627 ; toutefois on comprendra qu'il ne nous soit pas possible d'être plus affirmatif alors qu'il s'agit d'une simple esquisse.

Au surplus, l'intérêt qu'elle présente est surtout en ceci : qu'elle nous montre déjà Velazquez en possession de la notion des équivalences et des rapports des tons, tandis que la coloration générale, très délicate et très harmonieuse, accuse chez l'artiste comme une certaine curiosité des teintes claires, gaies, même fleuries. Il y a là tels tons, des verts, des verts bleutés notamment, qui semblent empruntés à la palette flamande, et il est encore à remarquer que, voulant peindre ses personnages dans la lumière diffuse, Velazquez s'applique à obtenir le relief en nuançant ses teintes, en poursuivant le ton local à travers tous les incidents de la lumière, plutôt qu'en recourant à de faciles contrastes ou à la différence tranchée des valeurs. Abandonnant donc ici ses primitives méthodes, il évite systématiquement d'opposer à des tons montés ou assombris des tons clairs et lumineux : on peut, dans cette esquisse, pressentir déjà comme une promesse du tableau des *Lances*.

CHAPITRE IV

Portraits de la femme de Velazquez et de sa fille; l'*Expulsion des Morisques*
les *Borrachos*.

Ces recherches des colorations textuelles, plus sincères, mieux observées, ces curiosités des effets de la lumière diffuse supprimant les con-
ventions, les artifices du clair-obscur, que nous venons de noter dans la
jolie étude du musée du Louvre, n'étaient pas, chez l'artiste, des préoccupations entièrement nouvelles. On les voit déjà poindre dans quelques
ouvrages, peints autour de 1625, que possède le musée de Madrid.
L'attention, les soins que le maître apporte alors au choix de la tonalité
de ses enveloppes, du ton d'espace, sont particulièrement à remarquer.
Dès cette époque, en effet, Velazquez se montre attentif à donner à ses
figures des dessous et des fonds aériens qui fassent valoir et exaltent, au
besoin, ses colorations. Il les cherche de préférence dans des teintes
grises, très vibrantes d'effet et comme frémissantes, le plus souvent
claires et blondes, parfois aussi légèrement olivâtres et telles que nous
les rencontrons dans ce portrait, de tournure si grave, où il a représenté
Juana Pacheco, sa femme, un carton appuyé sur les genoux et dans
l'attitude d'une personne observant attentivement un modèle placé devant
elle, ou, encore, dans la fraîche et vivante étude qu'il a improvisée
d'après sa fille Francisca.

La date d'exécution de ces deux portraits peut être fixée avec certitude entre 1625 et 1626; Juana Pacheco devait avoir vingt-cinq ou
vingt-six ans, et sa fille de six à sept ans.

Tout à côté de l'esquisse où Velazquez est parvenu à mettre quelque
chose de la grâce mutine et de la mobilité physionomique de son sou-
riant modèle, figure un second portrait de la fillette; celui-ci, plus achevé,
les traits mieux *ensemble*, plus tranquillisé dans son attitude et dans l'arrangement du costume, — modifié, du reste, en quelques détails, —
mais, en somme, bien moins vivant et expressif que l'esquisse primitive.

Le catalogue du musée de Madrid commet, croyons-nous, une erreur
dans la désignation qu'il assigne à ces deux peintures. L'une, la plus

calme, serait, à son compte, le portrait de l'aînée des filles de Velazquez, tandis que l'esquisse reproduirait les traits de la plus jeune, encore que l'existence de celle-ci, jusqu'à l'âge de cinq ou six ans, ne soit rien moins que prouvée. A notre avis, ces deux portraits n'en font qu'un, et il ne faut voir dans le plus terminé des deux qu'une mise au net, une véritable copie, achevée plus tard et à loisir d'après l'étude primitive, laquelle reste, nous le répétons, bien autrement spirituelle et vivante, malgré le laisser-aller de son exécution.

A ces portraits que distingue l'emploi de colorations plus variées, plus fleuries, et qu'enveloppent des gris ambrés teintés d'une nuance olive, il y aurait lieu de joindre deux ouvrages qui ont paru à la vente Salamanca. Le plus important, le *Portrait d'une dame*, se trouve décrit sous le n° 32 au catalogue de la vente; l'autre, assez arbitrairement baptisé *Portrait de sainte Claire, enfant*, y figure sous le n° 35. Tous les deux durent être peints vers 1625, car ils se détachent précisément sur ces mêmes fonds caractéristiques où dominent les tons de l'olive mûre.

Avant la dispersion de cette galerie, le premier passait généralement pour être le portrait, en toilette d'apparat, de la femme de Velazquez; son prénom, Juana de Miranda, était même tracé d'une vieille écriture au revers de la toile. Comment ce renseignement, en parfaite concordance, du reste, avec les traits aisément reconnaissables de la fille de Pacheco, fut-il négligé par les auteurs du catalogue? Est-ce ce prénom, peut-être d'eux inconnu, qui les aura déroutés? Nous ne saurions le dire. Toujours serait-il regrettable qu'une aussi intéressante indication tombât complètement dans l'oubli. Ce portrait, du reste, était extrêmement beau et de cette exécution attentive, intense et très serrée que Velazquez conserva jusqu'à son premier voyage en Italie.

Nous croyons pouvoir ranger parmi les ouvrages de cette première époque un portrait appartenant au musée de Madrid et que le catalogue croit être, sans cependant l'affirmer, celui de l'*Infante doña Maria*, sœur de Philippe IV. Cette princesse, qui fut mariée à Ferdinand, roi de Hongrie, et la même dont le prince de Galles avait si inutilement sollicité la main, se rencontra à Naples avec Velazquez vers la fin de l'année 1630.

Il est constant que l'artiste fit à ce moment le portrait de la nouvelle

reine, allant en Hongrie rejoindre son époux. Est-ce ce même portrait
qui se retrouve aujourd'hui à Madrid ? Nous le pensons d'autant moins

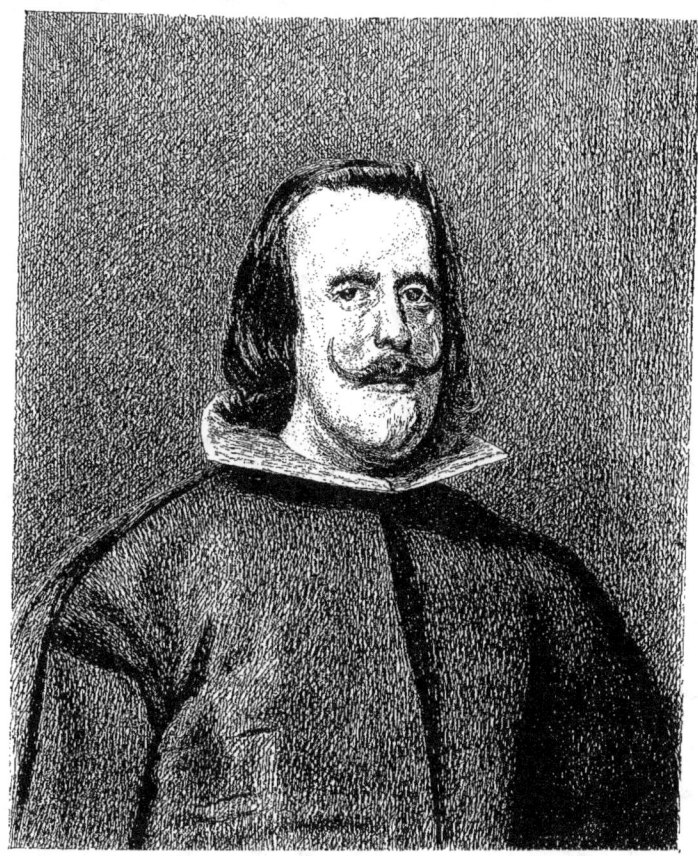

PORTRAIT DE PHILIPPE IV.
(Musée de Madrid.)

que, par son exécution encore un peu mince et lisse, patiente et fondue,
cette peinture se rattache évidemment aux méthodes relativement

timides de 1625 et n'offre rien de la manière délibérée que Velazquez inaugura précisément en 1630 durant son séjour à Rome.

En 1627, Philippe IV, voulant perpétuer le souvenir de l'édit par lequel son père Philippe III avait ordonné l'expulsion en masse des derniers descendants des Maures, ouvrit entre les peintres de sa chambre une sorte de concours. Vicente Carducho, Eugenio Cajesi, Angelo Nardi et Velazquez reçurent l'ordre de peindre, chacun de son côté, une composition destinée à glorifier un acte de fanatisme qui, d'après quelques historiens, avait privé d'un seul coup l'Espagne de plus de huit cent mille de ses sujets [1].

Une charge d'huissier de la chambre royale devait être la récompense du vainqueur. Deux artistes, jouissant d'une grande autorité à la cour, fray Juan-Bautista Mayno et le marquis Crescenzi, le premier élève du Greco et peintre du roi, dont il avait été le maître de dessin, le second peintre et architecte et l'auteur du Panthéon des rois à l'Escurial, avaient été désignés comme juges de ce concours.

Velazquez l'emporta sur ses rivaux. Il entra en possession de la charge d'huissier de la chambre, et son tableau fut placé, par ordre de Philippe, dans le grand salon du Palais [2]. Jusqu'en 1700, on le trouve mentionné avec ce titre : *Expulsion de los Moriscos*, sur les inventaires royaux. Palomino en a décrit l'ordonnance dans sa biographie de Velazquez [3]. Il

1. Philippe IV n'était pas le seul à envisager avec admiration la résolution à la fois cruelle et impolitique qu'avait prise son père d'expulser les Morisques. Le peuple espagnol partageait ses sentiments. Lope de Vega s'en fait l'écho dans sa *Corona tragica*, imprimée à Madrid l'année même où Velazquez exécutait son tableau allégorique, et Cervantès se montre particulièrement implacable contre ces malheureux convertis dont la présence en Espagne est, à ses yeux, celle de l'ennemi dans la place. Il les accuse de favoriser les continuels débarquements des Turcs sur les côtes espagnoles, de conspirer et d'appeler la guerre à l'intérieur, jusqu'au jour, impatiemment attendu par eux, où leurs frères d'Afrique, traversant une seconde fois le détroit, viendront de nouveau, en vainqueurs, arborer le croissant sur les palais et les mosquées d'Andalousie. (V. *passim Don Quichotte*, et principalement le *Dialogue des Chiens*.)

2. Velazquez conserva cette charge jusqu'au 23 février 1634. A cette date, il la transmit, avec l'agrément du roi, à Juan-Bautista Martinez del Mazo, son élève, qui venait de devenir son gendre.

Il est à noter que l'acte de prestation de serment du nouvel *uxier de camara*, acte qui est conservé aux archives du Palais, désigne expressément doña Francisca comme *fille unique* de Diego Velazquez.

3. « Au centre du tableau — dit Palomino — est peint le roi Philippe III, tenant à la main un bâton de commandement et désignant du geste une multitude éplorée

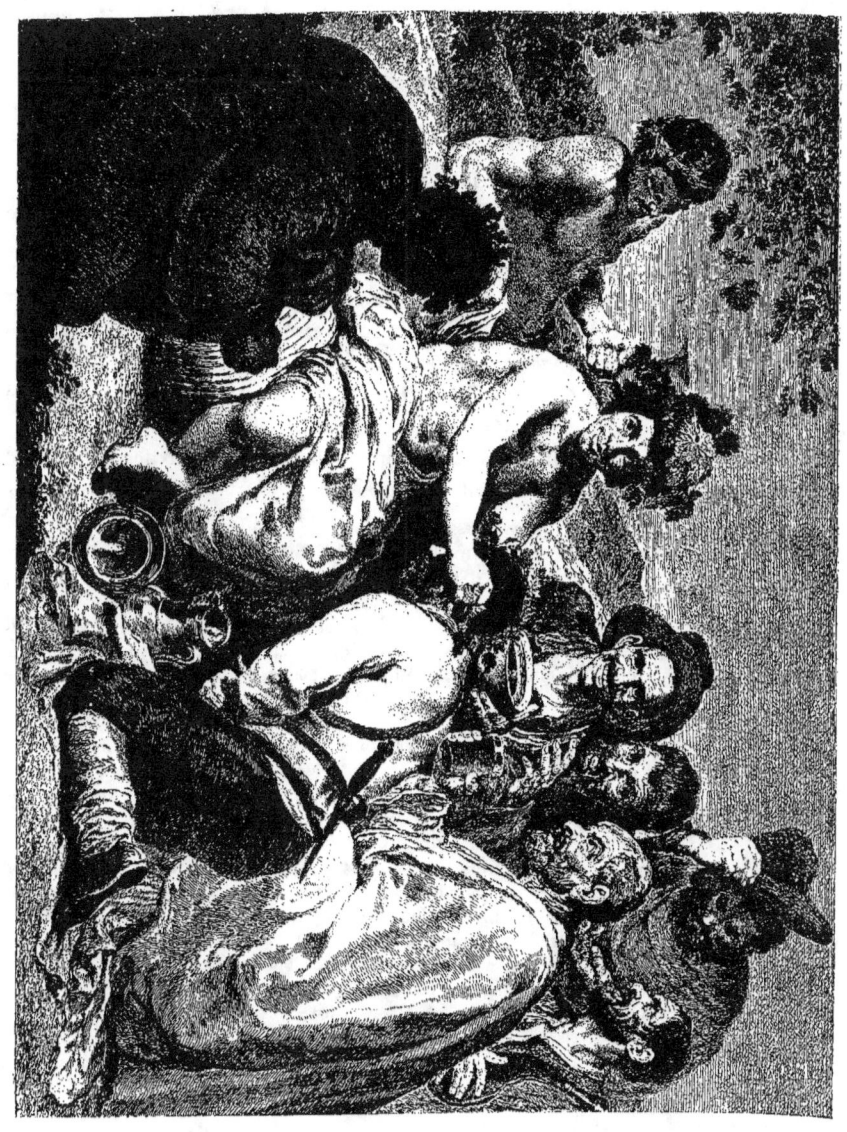

BACCHUS OU « LES BUVEURS ».

(Musée de Madrid.)

parle de cette toile comme figurant encore en 1724 dans le même salon, et elle y resta, en effet, jusqu'à l'époque de l'incendie de 1734, qui détruisit l'Alcazar. Cette grande composition, où la fiction allégorique se mêlait à la réalité historique, et l'une des plus importantes de cet ordre que le maître ait exécutée, aura donc probablement partagé le sort du premier portrait équestre de Philippe IV, mais avec cette aggravation que, cette fois, la perte est complète : pas le moindre bout d'étude n'en a été conservé qui nous apprenne où en étaient précisément les pratiques et les méthodes du maître en 1627.

Une conséquence de cette regrettable disparition est de laisser incertaine la question passablement embarrassante de la date de l'exécution du *Baco* ou des *Borrachos* (les *Buveurs*). Comment, un des deux éléments de comparaison faisant défaut, résoudre ce problème : le *Baco* a-t-il a été peint avant ou après l'*Expulsion des Morisques ?* Fut-il commencé en 1624, comme l'ont dit MM. Stirling et Waagen sur la foi d'une esquisse, supposée par eux originale, trouvée et acquise à Naples par lord Heytesbury, esquisse qui jouirait de ce privilège tout à fait exceptionnel dans les habitudes du maître, et dès lors, à nos yeux, singulièrement suspect, de porter en toutes lettres la signature *Diego Velazquez*, suivie de la fameuse date de 1624[1] ? Convient-il plutôt d'en reculer l'exécution jusqu'à l'année 1628, ou même jusqu'en 1629, si l'on

d'hommes, de femmes et d'enfants que conduisent des soldats. Au loin se voient des chariots et la mer couverte d'embarcations. A gauche de la composition, l'Espagne, sous les traits d'une majestueuse matrone, drapée à la romaine, est assise au pied d'un édifice. Sa main droite retient un bouclier et des traits, et la gauche une poignée d'épis. »

Une inscription latine, expliquant le sujet, et dont Palomino donne le texte, était tracée sur le socle du temple; sur une feuille de vélin, figurée au bas du degré, se lisaient les mots suivants : *Didacus Velazquez Hispalensis, Philip. IV. Regis Hispan. Pictor, ipsiusque jussu, fecit, anno 1627.*

1. L'esquisse de lord Heytesbury présente des différences qui tranchent singulièrement avec le tableau du musée de Madrid; elles permettraient de supposer qu'on est en présence d'une copie modifiée, d'un pastiche, plutôt que d'une véritable ébauche. On sait que le tableau définitif est composé de neuf figures; or, d'après M. Stirling, l'esquisse n'en compte que six, dont l'une est un affreux petit nègre. M. Stirling loue grandement Velazquez d'avoir rejeté de sa composition cette figure hétéroclite; à notre avis, il serait peut-être plus prudent de ne point commencer par admettre que Velazquez ait jamais pu songer à l'y introduire.

Le musée de Naples possède une excellente et très ancienne copie du *Baco*. Nous rappellerons que c'est également à Naples que lord Heytesbury a trouvé son esquisse. Cette coïncidence n'est pas faite pour diminuer nos défiances.

veut s'en tenir à une pièce de dépense conservée aux archives du palais
de Madrid, constatant qu'à la date de juillet 1629 Velazquez recevait
une somme de quatre cents ducats, sur laquelle *cent ducats* lui étaient
expressément payés *pour sa peinture de Bacchus exécutée pour le service
de S. M.* [1] ? Si large qu'il faille faire la part des retards apportés habi-

1. L'inscription de ce paiement, fait par ordre du roi, et qui porte la date du
22 juillet 1629, est ainsi libellée dans l'original : « *Diego Velazquez pintor.* Cargo de
quatrocientos ducados en plata. Los trescientos á cuenta de sus obras, y los ciento
por la de una pintura de *Baco* que hizo para servicio de S. M. » (Arch., liasse 129,
maison de Philippe IV.)

Cent ducats représentaient onze cents réaux de vellon (environ trois cents
francs).

Voilà le prix dont Philippe IV paya un des chefs-d'œuvre de l'artiste qui fut la
gloire de son règne. Par là, on peut déjà juger de l'état qu'il convient de faire des
assertions des biographes à l'endroit de la prétendue générosité du monarque. Ces
assertions, trop enthousiastes, les comptes de dépense conservés aux archives du
palais les contredisent hautement.

Six années se sont écoulées depuis que Velazquez est entré au service de Philippe.
Durant ce laps, il a peint le *Portrait équestre*, les *Portraits en pied du roi et de
l'infant don Carlos*, des sujets de *Chasse*, l'*Expulsion des Morisques*, le *Baco* et
nombre d'études plus ou moins importantes. Il est encore probable qu'à cette date
l'artiste a offert au roi, qui les a acceptés, deux tableaux peints à Séville : l'*Aguador*
et l'*Adoration des Rois*.

Que lui a-t-il été alloué en échange de tant d'admirables ouvrages ? Le compte
en est facile à établir : vingt ducats par mois pour son salaire de peintre du roi;
cinquante ducats pour couvrir les frais de son installation à Madrid; son logement dans
la *Casa del Tesoro*, estimé valoir deux cents ducats; une gratification de trois cents
ducats prise sur des rentes ecclésiastiques, et pour la délivrance de laquelle il fallut
solliciter un bref du pape Urbain VIII; les modestes gages — si tant est qu'il les
touche — attachés à la charge d'huissier de la chambre, et enfin la somme de quatre
cents ducats pour prix du *Baco* et de ses autres tableaux en cours d'exécution. Tel est le
bilan exact des libéralités de Philippe envers son peintre ! Nous ignorons si Velazquez
se plaignit, mais, au mois de septembre 1628, le roi décide tout à coup que l'artiste
recevra, sur la *Dépense* de la maison royale, une *ration journalière, en espèces, de
douze réaux, égale à celle que reçoivent les barbiers du palais;* moyennant quoi,
le roi se regarde comme quitte de tout ce qu'il doit à Velazquez, et pour tous les
ouvrages qui devaient lui être payés en dehors de son salaire mensuel, et pour ceux
qu'il lui commandera de faire à l'avenir. Ce n'était point là se montrer magnifique.
Velazquez dut présenter quelques observations au sujet des termes de cet ordre royal,
tout en s'en montrant satisfait, au moins en apparence, car, en février 1629, il obtient
une ampliation rectifiant l'ordre précédent; à cette date, le roi daigne expliquer que
les portraits seuls seront considérés comme payés par l'octroi de la *ration* et le
salaire mensuel attribué à l'artiste, et qu'il sera tenu un compte à part pour les
compositions.

A ces singulières faveurs vient s'en ajouter une plus étrange encore : Velazquez

tuellement par le trésor royal à acquitter ces sortes de dépenses, on ne saurait cependant supposer que l'achèvement du tableau en ait devancé le paiement de plus de quelques semaines. Les *Borrachos* ont donc été vraisemblablement peints de 1628 à 1629, comme en témoigne, au besoin, le caractère d'une exécution où les habitudes attentives, appliquées, les méthodes serrées, quelques restes de réminiscences et de convention dans le parti du clair-obscur et, pour tout dire, certaines expressions physionomiques soulignées jusqu'à la dureté contrastent et se mélangent, à doses presque égales, avec des audaces et des souplesses de coloration singulièrement nouvelles et inattendues. Telle se présente bien, en effet, cette peinture saisissante, toute pleine de promesses, et qui cependant regarde encore en arrière; c'est une étape entre deux manières, une œuvre intermédiaire mais puissante, au demeurant, où le maître résume inconsciemment sa filiation, son passé, accuse ses efforts, ses progrès, révèle nettement ce que se propose son génie et laisse bien vite deviner tout ce qu'il devra être.

Du tableau des *Buveurs,* on peut dire que l'art de Velazquez y est déjà tout entier en germe.

Il ne serait possible de confondre pas plus ses méthodes que sa poétique avec celles d'aucun autre maître. Hardiment, il a commencé de bouleverser les traditions dont l'école a vécu jusqu'à lui : tout se transforme dans sa propre manière de concevoir, d'interpréter et de rendre. Il semble, en vérité, qu'il commence de découvrir toutes choses pour son propre compte, qu'il les voie et qu'il les peigne comme si personne ne les avait encore vues et peintes avant lui. Déjà, il vise un but audacieux, très voulu, bien défini et, à coup sûr, si nouveau dans l'art que tel il nous paraît encore aujourd'hui, même au milieu des recherches et des tentatives les plus osées de notre jeune école. Velazquez veut exprimer la

sera gratifié, chaque année, comme les *nains* et les *fous* du roi, d'un vêtement valant quatre-vingt-dix ducats !

Tout ce curieux côté des rapports de Philippe IV avec son peintre, dont la vie, toute de désintéressement, devait se passer à servir le roi dans des emplois aussi fastidieux qu'assujettissants, car ils l'empêchent de peindre, et en tout cas très médiocrement lucratifs, a été excellemment mis en lumière par M. P. de Madrazo, dans son *Catalogue du musée de Madrid*, et dans une très intéressante notice, lue à l'Académie de San Fernando, le 20 novembre 1870.

La plupart des pièces de dépense et des ordres royaux que nous citons ont été publiés par M. Zarco del Valle, dans ses *Documentos ineditos para la Historia de las Bellas-Artes*, in-8°, Madrid, 1870.

vie non plus figée et immobilisée, mais saisie dans l'action, dans l'instantanéité du geste, du mouvement et, pour ainsi dire, surprise sur le fait. Pour atteindre à cet idéal d'expression de la vie, sa formule est trouvée : il dessinera par la couleur et par la lumière. A ses yeux, la nature ne présente que des corps, des surfaces, que la lumière baigne, modèle et affecte diversement, en les enveloppant. La ligne est pour lui une pure abstraction, et il ne conçoit pas l'isolement des objets de leur milieu ambiant : à son sens, ils sont inséparables de la masse d'air où ils se meuvent et forment avec elle comme un tout. C'est donc uniquement à la couleur, scrupuleusement observée sous les accidents de la lumière et de l'ombre, qu'il demande d'exprimer les rapports perspectifs des objets entre eux, leurs relations d'éclairement, leurs reflets, le fuyant d'un contour, l'épaisseur d'un relief, le miroitement d'une surface : dès lors, la couleur cesse aussitôt d'être, dans sa technique, une chose arbitraire, une teinte quelconque, prise au hasard sur la palette, n'ayant d'autre objet que de plaire aux yeux. Tout autre est l'emploi qu'il lui assigne : elle a pour mission d'exprimer et de rendre non les choses telles qu'elles sont, mais telles qu'elles lui apparaissent réellement. Ce qu'il lui demande, ce n'est plus, comme dans ses premières œuvres, une simple et servile imitation de l'objet, mais bien une véritable traduction de l'impression objective que cet objet a laissée en lui, exprimée en une autre échelle de colorations calculées, transposées et comme rapportées au degré voulu pour que notre propre vision ait la parfaite illusion de l'objet représenté. Par là, il crée à la couleur un rôle absolument prédominant et nouveau, qui prend uniquement son origine et sa force dans la justesse de la sensation visuelle éprouvée par l'artiste. Notre jeune école impressionniste n'a pas eu d'autre point de départ et ne devrait pas invoquer d'autre principe.

Ni le sujet, ni l'arrangement du *Baco* ne sont de ceux qui nécessitent de longues écritures. En dépit des apparences mythologiques du titre que Velazquez, ironiquement peut-être, lui avait choisi, la composition en est des plus réalistes, c'est-à-dire simple, vraie et copiée sur nature. Réunis dans la campagne, à l'ombre d'une vigne grimpante, des buveurs émérites, que préside, trônant sur un tonneau, un effronté drôle, à peu près nu, jeune, beau et couronné de pampres comme Dionysos lui-même, célèbrent une sorte de tournoi ou plutôt d'affiliation bachique. Le héros de la cérémonie, un goujat d'armée, quelque *valenton*, brave à

trois poils, s'est dévotement prosterné à terre aux pieds du Bacchus gro-
tesque et incline la tête pour se laisser coiffer de la guirlande de feuilles
de vigne, attribut ou récompense de ses hautes capacités d'ivrognerie.
Cette couronne, deux de ses compagnons l'ont déjà conquise : l'un, plus
qu'à demi ivre, tout nu, et nonchalamment accoudé, une coupe pleine à la
main, sert d'acolyte au président ; l'autre, accroupi dans l'ombre chaude
de la treille, entoure amoureusement de ses bras une jarre aux flancs
rebondis. Trois assistants, de mines patibulaires, dignes postulants aux
dignités de l'ordre ou modestes coryphées, agenouillés en arrière du
soldat couronné, tiennent ou plutôt brandissent, qui une vaste écuelle
toute remplie de vin, qui un profond gobelet dont les rouges reflets
empourprent sa main, qui une *bota* de cuir, gonflée, emmanchée d'un
long biberon de corne ; tous trois s'apprêtent à boire, à *officier*, au
signal donné ; un quatrième, d'humeur gouailleuse, s'appuie lourdement,
sur l'épaule d'un camarade dont le visage enluminé s'épanouit en un
large éclat de rire. Enfin, derrière ce groupe, un nouvel arrivant,
embossé dans sa cape, salue du *sombrero* la joyeuse assistance, et, cour-
toisement, la main tendue à une rasade, demande à prendre place à
la fête.

Telle est la scène, véritable bacchanale de truands, à laquelle Velazquez n'a pas craint de donner les proportions d'un sujet d'histoire en
peignant ses figures presque grandes comme nature. Mais quels types
de sacripants ! quel choix de têtes tannées, hâlées, ridées, aux expressions abruties, féroces ou équivoques ! et quelles superbes trognes fleuries et bourgeonnantes ! C'est la fine fleur de la *Tuna*, cette amusante et
crapuleuse bohème sévillane ; sûrement, tous appartiennent à cette asso-
ciation de voleurs, de soldats déserteurs et de rufians qui se dénomme la
Hampa, la même que Cervantès nous montre recevant les honnêtes leçons
de son chef Monipodio dans *Rinconete et Cortadillo*, et dont il peuple,
dans la *Fregona*, les pêcheries de thon de la plage de San Lucar : c'est
le monde des *picaros*, des mendiants, des estropiés pour rire, des *trai-
nels*, des bravaches, des coupeurs de bourses, monde déguenillé, hasar-
deux et famélique, dont les exploits sont célébrés par la littérature pittoresque et picaresque de l'Espagne au xviie siècle.

Voilà d'où sont sortis les modèles que Velazquez a mis dans ses
Borrachos ; comme Cervantès, le peintre les a vus, observés, étudiés,
sur nature, à Madrid, à Séville, et, de même encore que l'immortel auteur

de *Don Quichotte*, il a rencontré dans cette voie d'observation populaire une curieuse et originale source d'art. Ce tas de loques et de gueux l'a séduit : il l'a trouvé aussi intéressant qu'une marche de Silène ou un triomphe de Bacchus, et sa brosse ravie en a fait cette scène étrange, qui, pour le caractère, la véhémence, l'intensité et la crudité du rendu, n'a pas d'analogue dans la peinture.

En contraste avec ces figures brutales, aux tons bistrés, avec ces haillons fièrement drapés, aux nuances délavées et terreuses, Velazquez s'est appliqué à modeler de son pinceau le plus moelleux, le plus savant, rien qu'à l'aide d'écarts de valeurs à peine perceptibles, le torse éclairé en pleine lumière du *Baco* et celui de l'acolyte, présenté par l'épaule, fuyant en un audacieux raccourci, que caresse et voile de demi-teintes transparentes l'ombre légère et tremblotante de la treille. L'art du peintre, dans ces deux morceaux de nu, est extrême : ces chairs, blondes et souples, produisent absolument l'illusion, la sensation même de la vie. L'effet de de ces clairs morceaux est même tel qu'il fait paraître dures et plus violentes toutes les parties environnantes.

Quant aux colorations, elles sont ce qu'elles devaient être en un pareil sujet, sobres et mâles. Le jaune de la casaque du soldat agenouillé, le rose et le blanc pur d'un bout de draperie jeté sur les genoux du *Baco* et l'éclat rayonnant des nus mettent seuls, au milieu des larges teintes neutres, rousses, brun rougeâtre, noires ou grises qui les enveloppent, des notes claires et résonnantes.

L'effet général, habilement ménagé, est surprenant; la partie gauche de la composition, frappée par la pleine lumière, est particulièrement saisissante, tant le relief, la matérialité des formes y acquièrent de vérité et de force. Seul, l'homme accroupi au premier plan, que l'ombre — à dessein obscurcie par l'artiste — modèle à contre-jour, fait tache dans le franc et beau parti de l'éclairement; on sent trop que cette silhouette d'un rouge assourdi n'est là que comme un repoussoir destiné à exalter, à faire éclater les blancheurs, les délicatesses de modelé des deux torses. Notez cela. C'est la dernière concession que fera Velazquez aux artifices de pratique. Désormais il réalisera cette autre grande nouveauté dans l'école : la vérité, la sincérité poursuivies jusque dans l'expression de la lumière et du clair-obscur.

CHAPITRE V

Cette même époque (de 1628 à 1629) est marquée, pour Velazquez, par sa rencontre avec Rubens. En août 1628, celui-ci arrivait à Madrid, et il allait y séjourner neuf mois. Ce fut donc très probablement sous ses yeux que Velazquez peignit ou dut tout au moins mettre la dernière main à son tableau des *Borrachos*.

Envoyé de l'infante Isabelle-Claire-Eugénie, gouvernante des Pays-Bas, Rubens, gentilhomme de sa chambre et membre de son conseil privé, avait pour mission d'exposer et de faire prévaloir auprès du conseil d'État, et plus particulièrement auprès du comte-duc d'Olivarès, les vues personnelles de l'infante à l'endroit de certaines négociations alors entamées avec la cour de Londres. Entreprises et conduites secrètement par Rubens lui-même pendant ses précédents séjours à Londres et à Bruxelles, ces négociations tendaient, dans son projet, à mettre fin à l'interminable et ruineuse guerre que l'Espagne, avec ses provinces flamandes, soutenait contre les Provinces-Unies de la Hollande, aidées par leur puissante alliée, l'Angleterre. On sait que, si le but que se proposait Rubens ne put être immédiatement atteint, un traité de paix préparé par son habile entremise n'en fut pas moins signé, au cours de l'année 1630, entre Philippe IV et Charles Ier.

Mais ce qui nous préoccupe ici, ce sont moins les agissements de l'heureux diplomate, tant de fois exposés déjà et si bien mis en lumière par nombre de biographes et d'érudits, que la rayonnante autorité du génie du peintre[1].

A en croire Pacheco, bien placé du reste pour recueillir ces pré-

1. Au sujet des missions de Rubens à Londres et à Madrid, voyez *Gazette des Beaux-Arts,* t. XX et suivants; *Lettres inédites de Rubens,* par M. Émile Gachet; *Original unpublished papers illustrative of the life of sir Peter Paul Rubens,* par W. Noël Sainsbury; *Particularités et documents inédits sur Rubens,* par M. Gachard; *Rubens diplomatico español,* par M. Cruzada Villaamil; *Histoire de la peinture flamande* et *Rubens et l'École d'Anvers,* par M. Alfred Michiels.

cieuses particularités, Rubens et Velazquez avaient déjà échangé quelques lettres avant de se rencontrer. Aussi, dès l'arrivée à Madrid de
l'illustre Flamand, Velazquez fut-il tout naturellement chargé par le
comte-duc d'exercer auprès de Rubens les soins et les devoirs de l'hospitalité la plus affectueuse.

Durant neuf mois, les deux peintres vécurent dans une étroite intimité. Ensemble ils visitèrent les palais des grands, les résidences
royales, en étudièrent les riches collections, chassèrent avec la cour aux
environs de l'Escurial ou dans les bois du Pardo, partagèrent le même
atelier, et eurent sans doute maintes fois, sur les choses de leur art, des
entretiens qui, s'ils nous avaient été conservés, acquerraient, à notre
point de vue, un bien autre intérêt que celui de connaître par le détail
comment et au prix de quels patients efforts Rubens en devait arriver,
malgré les obstacles suscités à sa mission par le cardinal de Richelieu,
à rapprocher les deux cours de Madrid et de Londres.

Rubens avait alors cinquante et un ans. Sa fortune, sa renommée,
son merveilleux génie, dont la fécondité et le prestige ne devaient connaître ni défaillance ni déclin, étaient, depuis de longues années déjà,
dans tout leur éclat. Il y avait loin de cette situation, qui le faisait à
cette heure l'égal ou l'ami recherché des plus nobles et des plus grands,
à celle qui l'avait conduit une première fois en Espagne, sous le précédent règne (en 1603), alors que, par ordre du duc de Mantoue, il venait
accompagner à Valladolid les présents en tableaux, carrosse, chevaux,
arquebuses à secret, vases de cristal de roche et autres objets précieux,
offerts par Vincent de Gonzague, son maître, à Philippe III, au puissant
premier ministre, le duc de Lerme, à la comtesse de Lemos et au secrétaire Pedro Franqueza. Pourtant, à ce nouveau voyage, Rubens appor-
tait encore au roi Philippe IV un présent de tableaux — « huit toiles »,
dit Pacheco; — mais, tout royal qu'il fût, le présent, cette fois, était
sien.

Aisément on devine avec quelle déférence, quel empressement,
Velazquez, bien jeune encore, à peine connu, altéré de savoir, d'expérience, désireux d'agrandir le champ de ses études, et amoureux surtout,
comme il l'était, de son art, dut se mettre aux ordres de ce séduisant et
fastueux compagnon, et de quel inestimable prix la faveur d'une telle
intimité dut lui paraître.

Les belles et affables manières, l'érudition, les vastes connaissances, les charmes de la conversation de Rubens, ses avis donnés avec la plus extrême courtoisie et, plus encore, ses exemples, auxquels tout un passé de chefs-d'œuvre communiquait une si particulière autorité, ne pouvaient guère manquer d'ouvrir de nouveaux horizons à la vive intelligence de Velazquez, et d'exercer sur le développement de sa propre originalité une influence, à la vérité presque entièrement suggestive, mais dont il importe de démêler et de fixer nettement le véritable caractère. C'est chose assez ordinaire, en cette délicate matière, que de voir les biographes de Rubens céder à de faciles préventions et se laisser aller à exagérer ou à dénaturer la portée de cette influence. Quand nous aurons dit qu'un de ses effets les plus marqués fut de faire naître chez le maître espagnol le désir de visiter l'Italie, afin d'en étudier les écoles et d'en interroger, à leurs berceaux mêmes, les manifestations variées, on comprendra vite qu'entre ces deux génies, de puissance bien différente, merveilleusement mais si diversement doués tous deux, et au fond si opposés de tendances, quoique rattachés à un même et commun principe, le naturalisme, il ne s'en alla pas un seul moment de leçons professées et, pas davantage, d'imitation ou d'assimilation plus ou moins servile. Au contact de Rubens, comme plus tard au contact des chefs-d'œuvre italiens, Velazquez resta simplement ce qu'il était, l'élève de lui-même, l'observateur attentif et soumis de la nature, le fidèle et scrupuleux traducteur des phénomènes de la vie.

Rien donc d'arbitraire et d'inexact comme cette assertion, si facilement acceptée et maintes fois reproduite, que le tableau des *Borrachos* porte la manifeste empreinte des formules et des pratiques de Rubens. Ni dans le style, ni dans la construction, ni dans la technique, pas plus du reste que dans le choix des colorations et dans le maniement et l'arrangement des tons, nous ne trouvons l'ombre d'un rapport ou d'un rapprochement possible. Au vrai, cette peinture si naïvement réaliste et formelle est précisément à l'art de Rubens ce que le positivisme est à la métaphysique. Vainement d'ailleurs on chercherait quelles relations, quelles affinités pourraient être raisonnablement établies entre ces deux tempéraments de valeur si impossible à comparer. Génie de nature multiple, inventeur prodigieux plutôt qu'observateur attentif, Rubens regarde constamment la vie par ses seuls dehors et l'interprète, ou le plus habituellement la traduit de mémoire, formes, expressions et gestes, avec une sûreté, un aplomb qui sont bien près sans doute de valoir

l'étude directe, sans atteindre cependant jamais à la reproduction rigou-
reuse et textuelle. Velazquez, au contraire, mieux doué pour pénétrer
profondément l'intimité de ses modèles, se distingue par sa naïveté et ce
respect pour le vrai qui le portent à s'asservir, à se subordonner entièrement à ce qu'il peint. Imiter ce qui est, exprimer simplement des sen-
sations simples et justes, tels sont strictement et son idéal et son but.
Est-il besoin d'ajouter que son exécution, admirablement appropriée à
son principe, répond à la simplicité de cet idéal, en restant toujours
naturelle.

Entre les éblouissants spectacles de Rubens, se déroulant dans un
style mouvementé, grandiose, parfois emphatique jusqu'à l'hyperbole,
peuplés de personnages de vie exubérante, aux grands gestes, violents ou
tragiques et formulés tout en expressions superlatives, essayez donc de
trouver une parenté, une analogie quelconque, même la plus lointaine,
avec l'art fait uniquement de pénétration, de conscience et d'observation de ce peintre sans manière, impartial et impassible devant ses
modèles, assez amoureux pourtant de ce qu'il peint pour l'exprimer tout
uniment, qui sait nous prendre et nous convaincre rien qu'à l'aide de
son admirable sincérité, en nous faisant si bien croire à la complète
réalité de ce qu'il nous montre!

Caractère, méthode, procédés, palette, tout diffère absolument entre
ces deux virtuoses de la couleur, assurément des plus grands tous deux,
mais du moins chacun à sa façon. Autant le peintre de Philippe IV
aime et recherche les harmonies discrètes, reposées, subordonnant toujours le détail à des ensembles et l'intérêt des choses à leur véritable
importance ou au plan qu'elles occupent, autant Rubens vise et s'attache
au faste, à la pompe et à l'effet du décor. Où voit-on dans les tonalités
de Velazquez, s'appuyant, modulant presque toujours sur des gris, des
bruns ou des noirs, rien qui rappelle la richesse, la sonorité, la splendeur des arabesques tout en lumière et tout en éclat du maître d'Anvers?
Lui a-t-il emprunté ses couleurs dominantes, ses bleus froids, ses jaunes
épaissis, ses grands rouges? Emploie-t-il ses tons de chair, clairs, nacrés,
luisants, bleus d'outremer dans les demi-teintes et réchauffés en excès
de touches de vermillon pur dans les reflets? Il n'en est rien. Que si l'on
compare leurs méthodes, on a bientôt fait de se rendre compte que ce
qui est don natif, originalité, pénétration de l'œil et instinct pur de
peintre chez Velazquez n'est le plus souvent chez Rubens que système,

habitude, parti pris. En vérité, loin qu'ils se rapprochent, tout est plutôt contraste et absolue dissemblance entre cette fécondité « qui se soulageait — dit M. H. Taine — en créant des mondes », produisant sans cesse, sans effort, « tout comme l'arbre produit ses fruits », si bien servie du reste par une incomparable dextérité de main et l'emploi d'une pratique audacieusement expéditive et facile, mais qui paraît toujours si magistrale et si sûre d'elle-même, et l'art réfléchi, concis, tranquille, tout en pénétration et en profondeur de ce portraitiste génial qui fouille, scrute et analyse les choses avec un œil d'une sensibilité et d'une justesse extrêmes, possède et pratique d'instinct la notation et le sentiment exquis des valeurs, note et fixe les rapports, les écarts, les passages les plus délicats et les plus rapides d'un ton à un autre, saisit dans une teinte ses plus infinies nuances, sans que sa couleur grave et forte, dédaigneuse de l'éclat, sobre parfois jusqu'à la frugalité, mais distinguée, hautaine et toujours si fière d'allures, cesse de nous présenter l'exacte relation entre les choses vues et leurs apparences, telles que le peintre les a rapportées sur sa toile.

Après qu'on a appris de Pacheco quelle mutuelle sympathie se vouèrent les deux peintres à dater de leur rencontre, qu'il nous a dit combien Rubens admira franchement les ouvrages de Velazquez et quels éloges il en fit en diverses circonstances, avec un tact et une courtoisie auxquels Pacheco rend hommage, notre curiosité, mise en éveil, ne demeure encore que très incomplètement satisfaite. C'est Rubens lui-même qu'on voudrait pouvoir interroger.

Malheureusement, sa correspondance datée d'Espagne — du moins, ce qui en a été mis au jour — ne s'inquiète guère de peinture : l'art y a cédé complètement la place aux préoccupations diplomatiques.

En revanche, un curieux témoignage de l'estime de Rubens pour le talent du jeune maître espagnol nous est fourni par un ami des deux peintres, don Gaspard de Fuensalida, greffier du roi. Quand en 1659, trois années après l'achèvement de son célèbre tableau des *Meninas*, Velazquez fut nommé par Philippe IV chevalier de Santiago, une enquête préalable à son admission dans l'ordre s'ouvrit, selon la coutume, touchant ses mérites, titres et qualités. Tous les témoins de sa vie furent appelés à y déposer. Parmi les déclarations contenues dans ces *Informaciones de las calidades de Diego de Silva Velazquez, aposentador de palacio y ayuda de camara de S. M. para el habito que pre-*

tende de la orden del senor Santiago, actuellement conservées à Madrid
aux *Archives historiques nationales,* se trouve celle de don Gaspar.

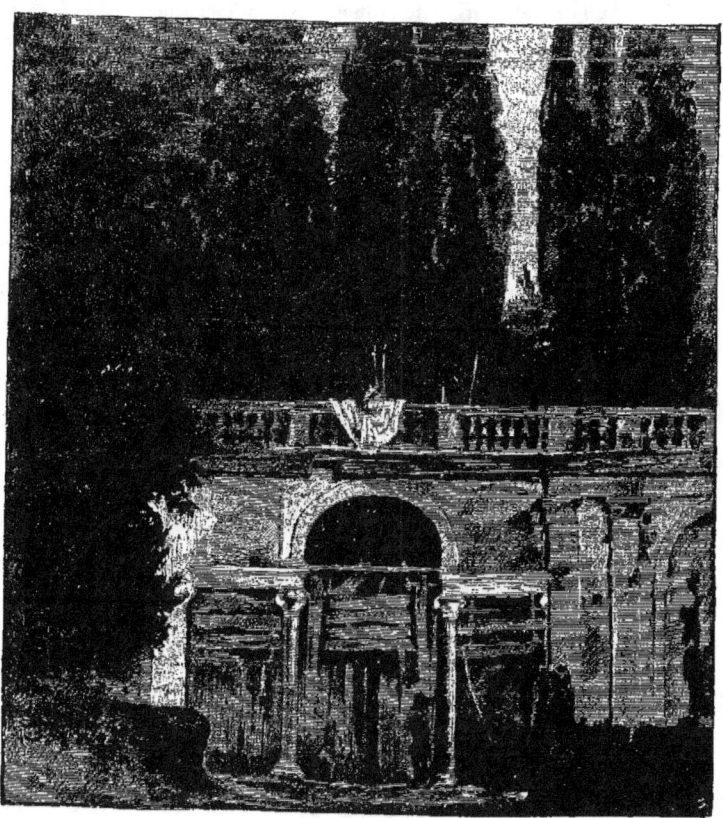

VUE PRISE A LA VILLA MÉDICIS.
(Musée de Madrid.)

Après avoir dit « qu'il a toujours connu l'artiste depuis le jour de son
entrée au service du roi, service où il s'est acquis la réputation du plus
grand peintre qu'il y ait en Europe », don Gaspar s'empresse d'ajouter
« que telle était au surplus l'opinion publiquement professée par Rubens,

le grand peintre flamand, à l'époque où il vint à Madrid ». Toute empreinte de partialité qu'elle puisse paraître, il nous semble cependant retrouver dans cette déclaration du bon greffier quelque chose comme un écho de la loyale parole de Rubens. Nul mieux que lui, au surplus, n'était à même de juger et de pressentir que Velazquez était déjà bien près d'atteindre le plus haut degré de perfection dans le rendu de la forme; mais il pensait en même temps, en examinant le tableau des *Borrachos*, que l'exécution n'est pas tout dans l'art et qu'il y faut joindre encore le choix, l'intérêt et l'élévation du sujet, et là est certainement la raison de son amicale insistance à conseiller au jeune maître de faire un voyage d'études en Italie.

Velazquez se montra extrêmement sensible à ces excellents avis, car, dès que Rubens eut quitté Madrid, il se prépara lui-même à partir. Le 28 juin 1629, il obtenait du roi l'autorisation nécessaire, et, muni par le comte-duc de nombreuses lettres de recommandation, gratifié en outre par son puissant protecteur d'une somme de deux cents ducats et d'une médaille d'or à l'effigie de Philippe IV, il venait, avec son esclave Pareja, s'embarquer à Barcelone, le 10 août 1629, sur la même galère que don Ambrosio Spinola, le vainqueur de Breda et le héros du tableau des *Lances*, allant prendre le gouvernement du duché de Milan et diriger le siège de Casale.

Venise fut la première ville italienne que visita l'artiste; il y reçut l'hospitalité chez l'ambassadeur d'Espagne.

Depuis la fameuse conspiration de Bedmar contre l'existence de la Sérénissime République, tout Espagnol s'approchant de son territoire devenait immédiatement suspect. Aussi, dès le mois de juillet 1629, le départ de Velazquez avait-il été signalé aux inquisiteurs d'État par l'ambassadeur de Venise à Madrid, qui s'était hâté, dans une dépêche secrète, de prévenir le Conseil du caractère absolument étranger à tout but politique du voyage du peintre de Philippe IV [1].

Doué, comme il l'était, du sentiment et de l'amour de la couleur, Velazquez devait naturellement s'éprendre des merveilleux chefs-d'œuvre de l'école vénitienne. Si Titien l'enthousiasme, Véronèse le ravit, et Tintoret l'entraîne. De ce fougueux maître, il copia le *Crucifiement* et la *Cène*, et à son retour il fit hommage au roi de cette dernière repro-

1. Armand Baschet a publié dans la *Gazette des Beaux-Arts*, t. 1er, p. 79, la traduction de cette curieuse dépêche de l'ambassadeur vénitien.

duction. Mais ses études furent bientôt interrompues par la guerre occasionnée par la succession du duc de Mantoue. Il quitta Venise et se rendit à Ferrare, où il reçut le meilleur accueil du cardinal-légat Giulio Sachetti.

De Ferrare, il alla à Bologne, où, disent les biographes, il ne jugea pas opportun de s'arrêter, pas même pour y présenter les lettres de créance dont il était muni pour les cardinaux Lodovisi et Spada. Il prit la route de Lorette, visita la *Santa Casa*, traversa les Apennins et arriva à Rome, où le neveu du pape Urbain VIII, le cardinal Barberini, voulut lui faire donner un logement au Vatican. L'artiste s'excusa de cet honneur et se borna à solliciter son libre accès dans les galeries du palais, ce qui lui fut accordé.

Le temps de son séjour à Rome fut, comme à Venise, employé à étudier et à reproduire quelques célèbres ouvrages des grands maîtres. Velazquez dessina ou peignit des fragments importants du *Jugement dernier*, les Prophètes et les Sibylles de Michel-Ange à la chapelle Sixtine, copia l'*École d'Athènes*, le *Parnasse*, l'*Incendie del Borgo* et plusieurs autres compositions de Raphael.

Grâce à l'intervention du comte de Monterey, alors ambassadeur de Philippe IV auprès du Saint-Siège, Velazquez obtint de s'établir à la Villa Médicis, encore embellie, à cette époque, par une nombreuse et riche collection de statues antiques. Il y passa deux mois, et y peignit, d'après nature, les deux charmantes et fraîches études de paysage, avec des parties d'architecture, qui figurent aujourd'hui au musée du Prado sous les nᵒˢ 1106 et 1107. Bientôt la fièvre vint le chasser du palais du Monte Pincio. Il prit alors une habitation dans le voisinage du palais de l'ambassadeur d'Espagne, qui lui fit prodiguer les soins les plus attentifs, soins auxquels il dut de promptement se rétablir.

Velazquez resta à Rome toute une année. Indépendamment de ses nombreuses études d'après les maîtres, études dont on ne retrouve malheureusement plus aucun spécimen authentique dans les collections d'Espagne, l'artiste, pendant son séjour dans la Ville Éternelle, peignit son propre portrait, qu'il envoya à son beau-père, et deux compositions importantes destinées au roi : la *Forge de Vulcain*, que garde le musée du Prado, et la *Tunique de Joseph*, placée aujourd'hui à l'Escurial.

CHAPITRE VI

Tableaux exécutés par Velazquez en Italie : la *Forge de Vulcain;* la *Tunique de Joseph.* Retour en Espagne. Portraits du roi et des infants en costume de chasse; *Portrait équestre de l'infant don Balta₂ar Carlos;* Mme de Chevreuse.

A l'exception des coloristes, nous ne voyons pas que l'étude des maîtres italiens ait exercé sur le tempérament de Velazquez aucune influence sensible. Si, à les copier, ses méthodes s'élargissent et gagnent en sûreté et en liberté, en revanche, ni son sentiment intime ni son mode d'interprétation n'en paraissent modifiés. Ce que ces maîtres, sous l'empire d'autres mobiles et dans d'autres milieux, ont conçu et exprimé, certes Velazquez, autant que personne, le comprend et l'admire; mais s'il doit traduire à son tour ce qu'ils ont pensé et dit, il le dira autrement qu'eux. Ailleurs que dans l'imitation du passé, il a placé son rêve d'art et son but, et à poursuivre la réalisation de son propre idéal, nous ne sentons pas, un instant, qu'il faiblisse ou se démente.

Dans la *Forge de Vulcain* et la *Tunique de Joseph,* œuvres jumelles, peintes d'un même jet, de la même palette et, particularité curieuse, d'après les mêmes modèles, le parti pris de Velazquez est décisif.

Tout ce qui, dans le *Baco,* ne se montrait encore qu'en germe, s'affirme ici, se systématise et prend définitivement corps. Inquiète de sincérité, de moyens nouveaux d'expression, et surtout d'une observation plus vraie de la lumière et des lois du coloris, notre jeune école pourrait demander à ces deux peintures la solution de quelques-uns des problèmes qui la préoccupent, et en tirer plus d'une information ou d'un enseignement.

Des sujets clairement exposés dans des actions simples et à l'aide de types pris dans la vie vivante, aux attitudes, aux gestes, aux expressions naïvement éloquents et justes; point du tout de déclamation, pas même de style, s'il faut entendre par ce mot la recherche des ordonnances artificielles et de l'équilibre des groupes, ou, encore, l'arrangement voulu des lignes soigneusement rythmées; mais, en revanche, beaucoup de vérité, de spontanéité et surtout de caractère; quelque chose comme des

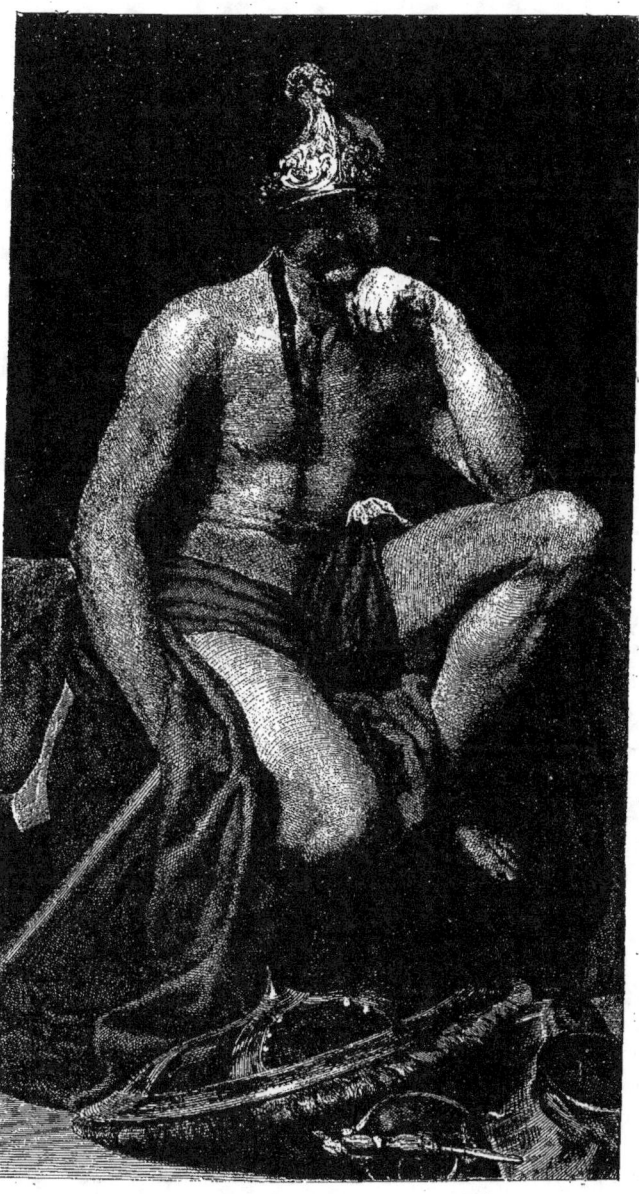

MARS.

(Musée de Madrid.)

scènes intimes, familières, qui semblent groupées et comme arrangées par le hasard et paraissent avoir été saisies d'un seul élan, d'un même coup, avec leurs particularités, leur mouvement, leur imprévu pittoresque et la curieuse diversité de leurs accidents, voilà ce qu'en très succincte analyse nous montrent ces deux compositions où l'artiste ne s'avise guère de haute esthétique, de sens allégorique ou de profondeur. Conter le fait, tout uniment, suffit à sa poétique. Peu accessible aux abstractions, encore moins aux idées toutes transcrites en formules, il n'a souci que de la vérité formelle. D'idéal préconçu de la beauté, il n'en a point : toute vie humaine, pour humble et vulgaire qu'elle soit, l'intéresse, le captive et l'enchante. Il ne voit rien, il ne cherche rien en dehors ou au-dessus du réel, et c'est pourquoi, dans la *Forge de Vulcain*, ses personnages mythologiques paraissent plus humanisés que de raison et semblent rester au-dessous de leur rôle fabuleux. Comme chez les Vénitiens, le sujet pour Velazquez n'est qu'un prétexte à rendre de belles idées plastiques et à les bien peindre, et pas plus qu'eux, il ne s'inquiète de couleur locale ou de fidélité historique ou chronologique. On a écrit de l'école espagnole qu'elle évitait soigneusement de peindre le nu ; que, vouée exclusivement aux sujets religieux, sombres, dramatiques, farouches, elle s'interdisait, à l'égal d'une chose honteuse, la représentation des scènes mythologiques. Velazquez, le plus grand et le plus espagnol de ses maîtres, n'a point connu de telles entraves. Chrétien sincère, certes il devait l'être ; mais, à scruter son œuvre, à interroger sa poétique religieuse, il semble bien qu'il appartienne à cette classe de libres esprits qui ont plutôt de vagues sentiments que des convictions très arrêtées, encore moins la foi robuste des premiers âges. A sa façon de comprendre et d'interpréter les sujets sacrés, il est visible que les dogmes le laissent froid. S'il touche à la mythologie, au lieu d'aborder ces sortes de compositions, comme le font d'ordinaire les Italiens, avec un symbole tout fait, Velazquez, peu soucieux du sens mythique ou allégorique de son thème, n'y voit qu'un simple fait, non encore embelli ou transformé par la tradition, et qu'il se contente d'exposer sans façon, mais non sans malice ou sans ironie. L'Olympe, en effet, le fait sourire. Velazquez, au fond des récits mythologiques, ne perçoit ou ne veut voir qu'une action quelconque, le plus souvent terre à terre, dont son humeur andalouse saisit de préférence le côté ironique : le *Baco* et la *Forge de Vulcain*, *Mercure et Argus* et ses personnifications du dieu *Mars*,

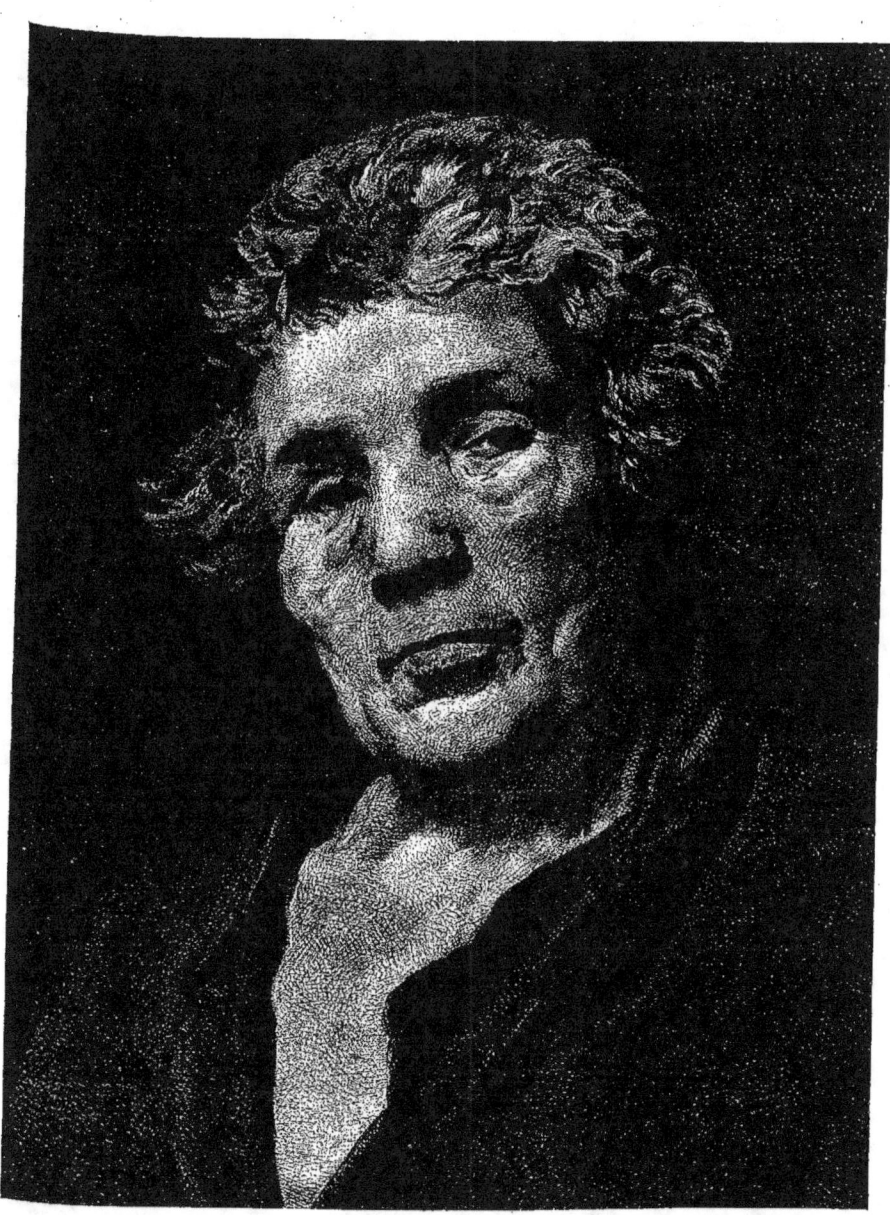

ÉSOPE.
(Musée de Madrid.

d'*Ésope*, de *Ménippe* attestent suffisamment cette tournure de son esprit [1]. En cela, et en dépit de l'apparente gravité de son caractère, il reste bien l'homme de son temps, de son terroir et de sa race. Sous ce rapport, il offre plus d'une analogie et d'un point de contact avec Cervantès.

Comme exécution, ces deux peintures sont extrêmement habiles et puissantes d'effet bien qu'obtenues à l'aide de moyens très simples. Rien n'est plus vrai, plus éloquent, dans la *Tunique de Joseph*, que le geste, l'émotion de Jacob apercevant le vêtement tout ensanglanté de son enfant. A sa douleur se mêle une expression de colère : il soupçonne un crime, son geste accuse, il va éclater ! A sa droite, et devant lui, se tiennent ses fils : celui-ci montre la sanglante dépouille, celui-là, presque nu, détourne la tête comme s'il ne pouvait en supporter la vue ; vêtus de sarraux rustiques, les autres observent attentivement leur père ou feignent l'accablement et la pitié. Les nus ou les parties de nu sont autant de morceaux achevés : l'atmosphère, l'éclairement sont d'une vérité étonnante ; pour tout dire, l'ensemble de cette dramatique scène atteint à la plus haute illusion comme mouvement, comme relief et comme expression pathétique.

Dans la *Forge de Vulcain*, l'artiste s'est posé et a résolu le difficile et curieux problème de la rencontre de la blonde lumière qui enveloppe le dieu du jour avec celle des rouges reflets de la fournaise. Si, dans son geste et dans son allure, l'Apollon n'a rien d'héroïque, on ne saurait peindre, en tout cas, de corps plus souple, plus vivant et plus jeune. Quel admirable et robuste torse que celui de Vulcain ! et quelles carnations savamment modelées que celles des compagnons du dieu forgeron ! Quant à la technique, elle accuse déjà chez le peintre une science accom-

---

1. A la liste des sujets mythologiques peints par Velazquez, il faut joindre deux compositions importantes qui ont disparu après avoir figuré, jusqu'en 1700, sur les inventaires du palais. C'étaient : *Apollon écorchant Marsyas,* peint vers 1655, c'est-à-dire à la même époque que le sujet de *Mercure et Argus,* avec lequel il formait pendant, et *Psyché et l'Amour,* dont la date d'exécution nous est inconnue. Une autre représentation mythologique, *Vénus et Cupidon,* placée, au temps de Philippe IV, dans le *Salon des glaces,* n'est plus mentionnée sur les inventaires à partir de 1700 ; mais il est probable qu'elle dut être donnée ou échangée postérieurement à cette date, car nous la retrouvons décrite dans le *Viage de España,* de Ponz, comme faisant partie, à la fin du XVIIIe siècle, de la riche collection de peintures de la maison d'Albe. Achetée par le prince de la Paix, elle fut transportée en Angleterre après la guerre de l'Indépendance, et elle entra alors dans la collection de M. Morritt, où elle est encore, Cette *Vénus,* une merveille de vérité, a fait partie de l'Exposition de Manchester.

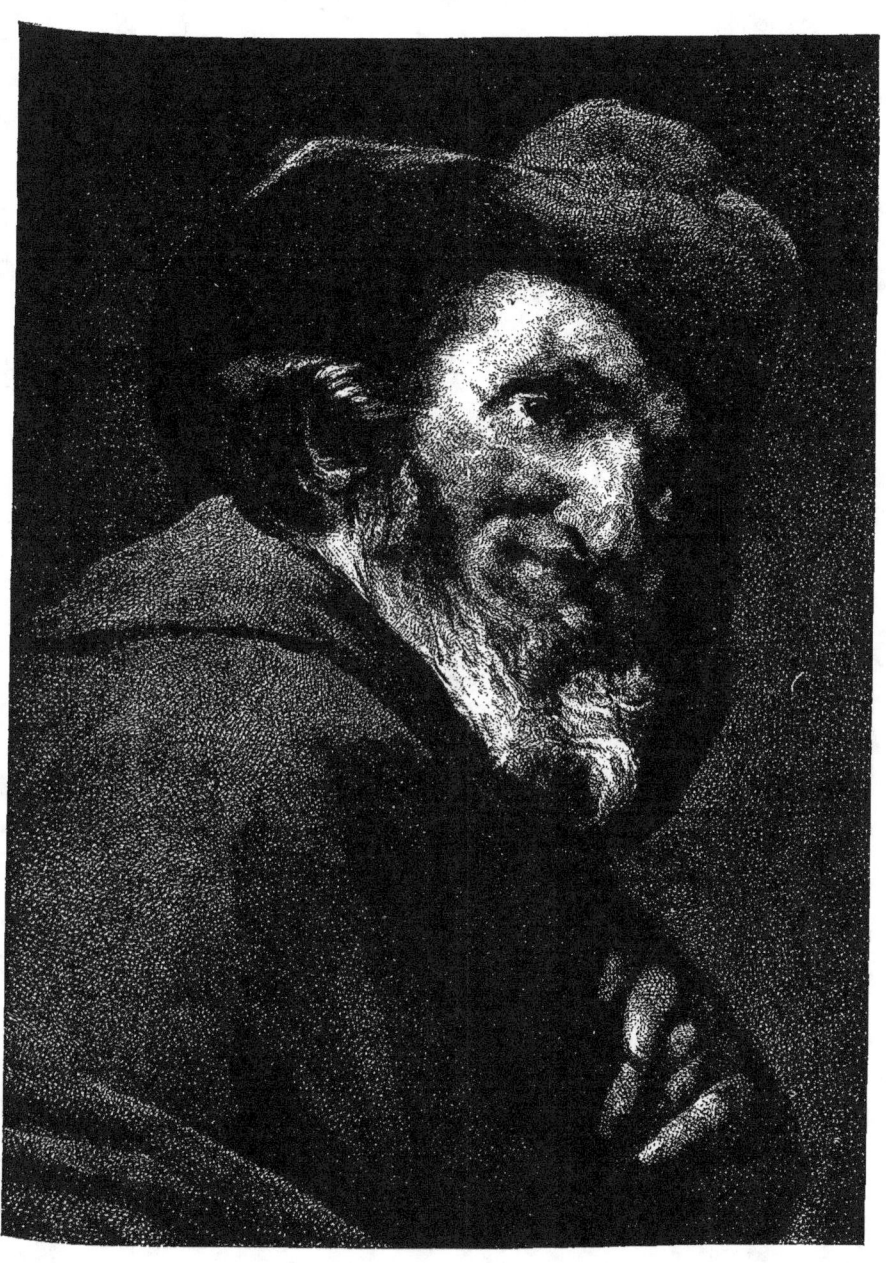

MÉNIPPE.

(Musée de Madrid.)

plie, sûre d'elle-même, montrant dans les colorations on ne sait quel dédain pour l'inutile, le trop agréable ou le superflu ; nulle recherche de l'éclat ou même du charme ; point de tapage ; rien qui s'écarte, dans ces solides et sévères harmonies, du rigoureux programme que l'artiste semble s'être tracé : ne rien substituer à la forte et naïve observation de ce qui est [1].

Vers les derniers jours de l'année 1630, Velazquez se rendit à Naples, où, comme nous l'avons précédemment noté, il fit le portrait de l'infante Dona Maria, sœur de Philippe IV, et fiancée du roi de Hongrie, portrait que nous ne croyons pas pouvoir être identifié avec celui que le catalogue du musée de Madrid enregistre sous le n° 1072.

A Naples, Velazquez fut l'hôte du vice-roi, le duc d'Alcala, l'ami et le protecteur de son beau-père Pacheco. Ribera, alors à l'apogée de sa renommée et de son talent, était l'astre de cette petite cour ; il accueillit avec beaucoup de courtoisie son jeune compatriote : de ce moment, les deux peintres se lièrent d'une étroite amitié. On sait, d'ailleurs, quelle admiration Velazquez avait vouée, quand il n'était encore qu'un élève, aux réalistes et énergiques créations du maître valencien. Mais, si l'influence qu'elles exercèrent sur le génie naissant du jeune peintre ne s'étendit guère au delà de ses toutes premières productions, il ne semble pas que son goût, son enthousiasme pour les œuvres de Ribera aient jamais diminué ; c'est à ces préférences autant peut-être qu'à l'amitié qui se forma entre les deux artistes, lors de cette première rencontre à Naples, que le musée de Madrid doit de posséder quelques-unes des

1. Le paiement du prix des tableaux peints par Velazquez, en Italie, figure sur les comptes de dépenses du protonotaire d'Aragon, relatifs à l'année 1634. C'est seulement à cette époque que l'artiste obtient le reliquat de ce qui lui est dû pour la valeur de ces peintures ; jusque-là il n'avait touché que des acomptes. L'estimation ou taxe préalable qui en est faite par Francisco de Rioja englobe dix-huit tableaux, parmi lesquels sont mentionnés, sans autres éclaircissements : une *Danaé,* de Titien (probablement une copie faite par Velazquez en Italie) ; une *Chaste Suzanne,* de Luca Cambiaso, et une peinture originale du Bassan (acquises peut-être de ses deniers et cédées par lui au roi) ; et enfin quinze ouvrages personnels, dont cinq tableaux de fleurs, quatre petits paysages, deux natures mortes, un portrait de l'infant don Baltazar (sans doute celui que Velazquez peignait en 1631), un portrait de la reine (?), la *Tunique de Joseph* et la *Forge de Vulcain.* Ces dix-huit tableaux lui sont payés *mil ducados de á once reales,* soit onze mille réaux ou trois mille francs environ ; même en admettant que cette somme représenterait de nos jours une valeur dix fois supérieure, on voit que les largesses de Philippe IV, à l'endroit de son peintre, n'étaient rien moins que des magnificences.

plus célèbres peintures de Ribera, acquises presque toutes sous le règne de Philippe IV et le plus souvent encore à l'instigation et par les soins de Velazquez.

Dans les premiers mois de l'année 1631, Velazquez rentrait à Madrid. Le roi sut bon gré à son peintre de n'avoir point usé dans toute sa latitude du congé qu'il lui avait accordé ; il lui assigna pour atelier la galerie nord de l'Alcazar, appelée la galerie *del Cierʒo*, qui communiquait avec les appartements privés par une porte dont Philippe IV garda la clef. Bientôt le roi prit l'habitude de venir chaque jour l'y visiter. On sait que Philippe ne se contentait pas d'acquérir et de collectionner de belles peintures. Élève de fray Juan Bautista Mayno, lui-même peignait et dessinait avec goût. Butron, Carducho, Pacheco, Palomino citent avec éloges quelques-unes de ses œuvres. Il est donc vraisemblable que Velazquez dut plus d'une fois guider le pinceau ou même remanier les essais du royal amateur. Pacheco nous rapporte encore que Philippe se prêtait fréquemment à poser devant Velazquez durant de longues et fatigantes séances ; se faire peindre sous tous les aspects et à tous les âges fut évidemment pour le triste et apathique monarque une des grandes occupations de sa vie.

Dès son retour, et après avoir fait le portrait de l'infant don Baltazar Carlos à l'âge de deux ans, Velazquez dut s'occuper d'un projet de statue équestre que le comte-duc d'Olivarès, toujours en peine d'occuper et d'amuser le roi, avait persuadé à Philippe de s'ériger à lui-même au milieu des jardins du Buen-Retiro. Commandée au sculpteur florentin Pietro Tacca, cette statue, modelée et fondue en bronze à Florence, d'après une maquette et des esquisses envoyées par Velazquez, ne fut achevée qu'en 1640. Très vivante d'allure et d'un arrangement singulièrement original et heureux, cette belle et pittoresque représentation de Philippe IV, dressée aujourd'hui dans les jardins de la place de l'Oriente, en face du palais, porte la manifeste empreinte du génie qui l'a conçue et ordonnée, et accuse bien dans sa tournure, dans son mouvement, la large part que prit Velazquez à son exécution [1].

Au commencement de l'année 1634, Velasquez maria sa fille Françisca avec son élève Juan Bautista del Mazo. A cette occasion, il obtint

1. Le portrait équestre de Philippe IV, peint par Velazquez pour servir de modèle au sculpteur Tacca, est conservé au musée de Florence. Cosme Mogalli en a fait une gravure au burin.

de transmettre à son gendre sa place d'*huissier de la chambre*, et lui-
même reçut le titre purement honorifique d'*ayuda de guardaropa*. Voilà
de quelles chétives faveurs Philippe IV croyait récompenser le mérite
de son peintre [1].

Ce sont encore des portraits qui absorbent entièrement les pinceaux
de l'artiste pendant l'année 1635 et les deux suivantes. L'infant don
Baltazar Carlos, l'héritier présomptif, avait alors six ans accomplis.
Velazquez le peignit en costume de chasse, ganté de daim, botté haut,
tenant en main une légère escopette. Bien campé, la physionomie sou-
riante, sa *gorra* inclinée avec crânerie sur le côté, l'infant est charmant
de vivacité, de naturel et de grâce mutine. Deux chiens, peints comme
Velazquez seul sait les peindre, sont couchés à ses pieds. Un grand
arbre aux branches étendues, formant comme un dais de verdure et
couvrant le haut de la toile, projette quelques ombres et de légers reflets
sur le costume de l'infant, mélangé de couleurs bronzée, grise et brune.
Pour fond, un site accidenté, très peu exprimé, avec un ciel lumineux
sur lequel la figure se détache en vigueur et conserve toute son importance. Au bas de la toile, Velazquez a inscrit l'âge du petit personnage :
Anno aetatis suae VI. Elle porte le n° 1076 sur le catalogue du musée
de Madrid [2].

L'arrangement si pittoresque et pourtant si simple de ce portrait, son
bel effet, l'heureux choix du cadre où l'artiste l'a placé et duquel il
emprunte son surprenant relief, se retrouvent dans les deux peintures
du musée de Madrid qui représentent le roi Philippe IV et son frère,
l'infant don Fernand, tous deux en attirail de chasse avec un fusil et un
chien [3]. Philippe IV a trente ans, et c'est bien l'âge que lui donne Velazquez dans ce portrait sobre et fier, où se lisent sur les traits non encore
empâtés du modèle on ne sait quelle hauteur attristée, quelle dignité

1. L'artiste conserva cette charge subalterne jusqu'en 1643, époque où il fut
nommé *ayuda de camara,* mais non en titre d'office. Deux ans après, il est *guardaropa,* mais, cette fois, en exercice et avec émoluments; enfin, en 1646, il a le titre
de *valet de chambre.* Il faut ensuite qu'il attende jusqu'en 1652 pour obtenir la
vacance d'*aposentador* ou de *fourrier du roi.*

2. Sous le numéro 1118 du même catalogue se trouve décrit un autre portrait de
l'infant, représenté au même âge, un fusil à la main, autrefois attribué à Velazquez,
attribution qu'une exécution assez faible a fait rejeter à bon droit par le savant auteur
du nouveau catalogue, don Pedro de Madrazo.

3. Notre musée du Louvre possède une copie du portrait de Philippe IV en costume de chasse.

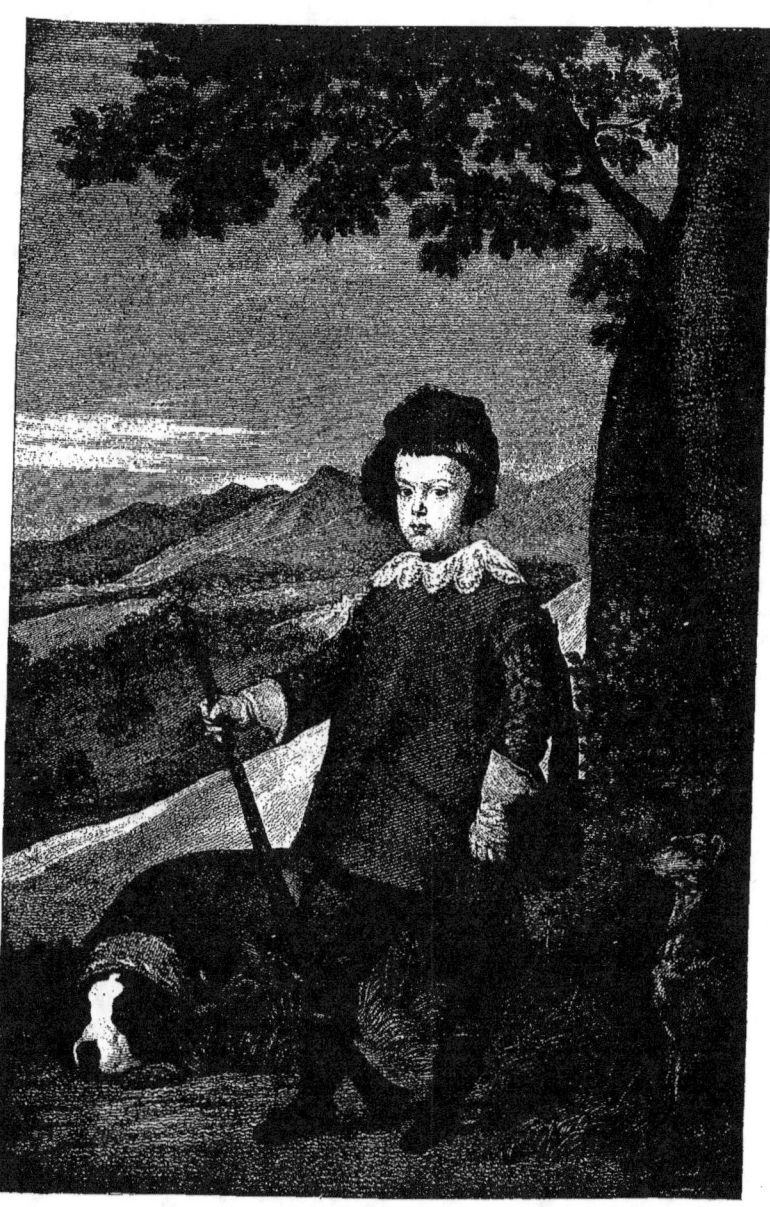

PORTRAIT DE L'INFANT DON BALTAZAR CARLOS.

(Musée de Madrid.)

soucieuse. Une exécution franche et large, l'emploi de tons graves, presque austères, font de ces deux peintures, datant, à quelques mois près, de la même époque que le portrait du petit prince, des spécimens parfaits des plus belles qualités du maître.

La date de l'exécution du *Portrait équestre de l'infant don Baltaȝar Carlos*, qui n'y paraît guère plus âgé que dans son portrait en costume de chasse, peut être fixée à l'année 1636. Montant une petite jument andalouse, bai clair, lancée au galop, l'infant, vêtu d'un joli costume de velours vert olivâtre, agrémenté et passementé d'or, traversé d'une écharpe rose, frangée d'or, la tête couverte d'un chapeau aux larges ailes où flottent quelques plumes, tient à la main, d'un geste fier, un bâton de commandement. L'air qui y semble palpable ; l'élan de cette galopade emportée, rendu sensible par la justesse des mouvements de la monture, présentée en un audacieux raccourci ; le frémissement, l'envolement des choses légères soulevées, fouettées au vent de la course, tout concourt à imprimer à cette peinture une extraordinaire intensité d'action et à lui donner la parfaite illusion de la vie. Colorée magistralement dans une tonalité chaude et puissante, la silhouette du groupe s'enlève avec force sur un fond de paysage très clair dont les éléments sont des plus simples : une colline, un peu de plaine et pour horizon les lignes accidentées et bleuâtres du Guadarrama aux cimes neigeuses.

Ce qu'il faudrait pouvoir décrire dans cette prestigieuse peinture échappe précisément à toute analyse. Comment exprimer avec des mots ce qu'elle a de naturel et de spontané, comment dire en quoi consiste l'apparente vérité du coloris, et comment expliquer cette étonnante propriété de la couleur arrivant à rendre toutes choses sensibles et comme parlantes ? Mais ne serait-ce point là vouloir analyser le génie lui-même ?

Le 6 décembre 1637, Madrid et la cour étaient en émoi. Une longue file de carrosses, escortés de cavaliers du plus haut rang, allaient attendre jusqu'auprès de l'Abroñigal la célèbre Marie de Rohan, duchesse de Chevreuse, que ses démêlés avec Richelieu avaient brusquement déterminée à s'enfuir en Espagne. Elle y fut accueillie par toute la noblesse avec une pompe et un enthousiasme inouïs. Philippe IV la combla particulièrement de toutes sortes de marques de faveur. Des fêtes dans les jardins du Retiro, des spectacles, des courses de taureaux et de bagues, des chasses au Pardo furent ordonnées en son honneur : même, s'il faut

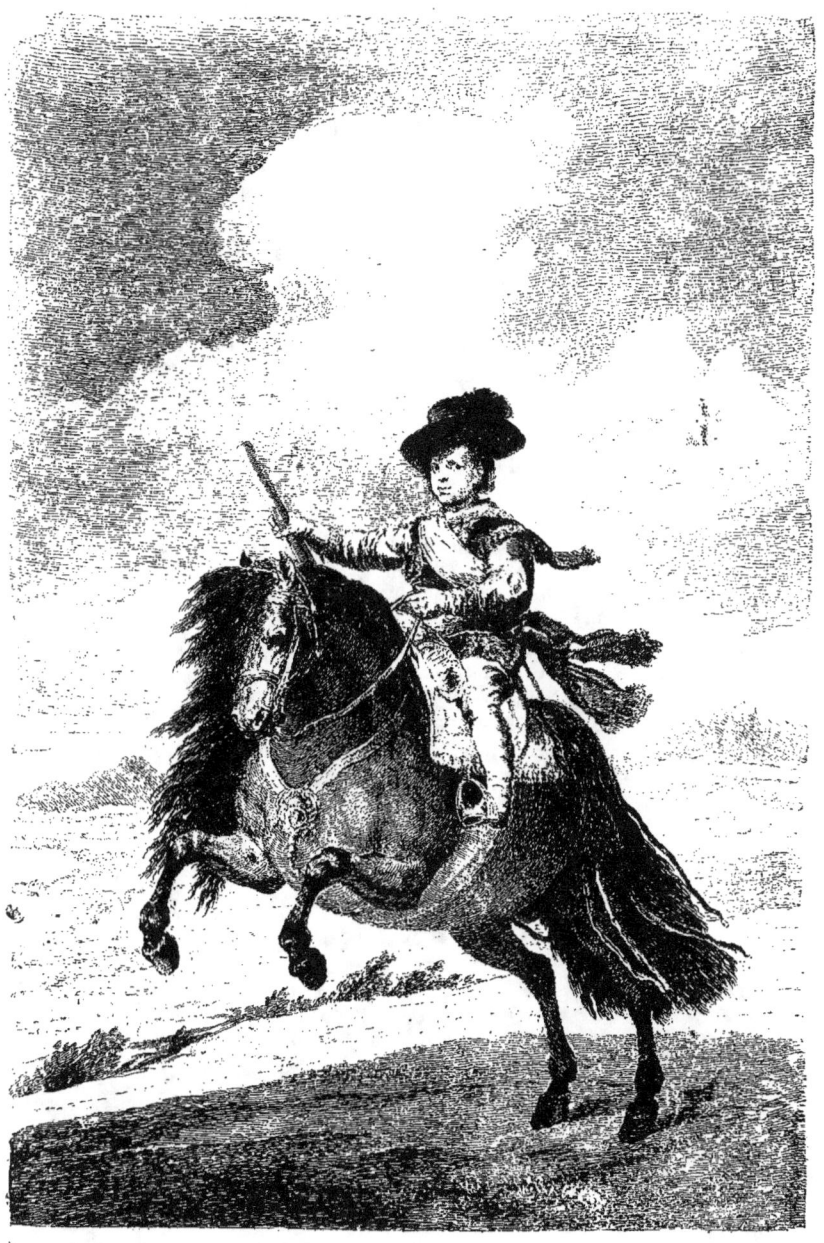

PORTRAIT ÉQUESTRE DE L'INFANT DON BALTAZAR CARLOS,
(Musée de Madrid.)

en croire l'indiscrète Mme de Motteville, le roi aurait été loin de se montrer insensible aux séductions de la jolie et romanesque duchesse. Très probablement par ses ordres, Velazquez commença le portrait de Mme de Chevreuse. C'est du moins ce que nous apprend l'auteur anonyme des *Noticias de Madrid*, sorte de gazette manuscrite à la fois politique et littéraire, où se trouvent racontés divers événements advenus depuis l'année 1636 jusqu'à celle de 1638 [1]. Le nouvelliste prend même soin d'ajouter ce précieux détail que Velazquez peignit la duchesse *con el ayre y traje de francés*, expressions qui semblent bien vouloir dire qu'il la représenta portant le costume d'homme sous lequel elle s'était enfuie [2].

Velazquez eut-il le loisir d'achever ce portrait, car le séjour de Mme de Chevreuse à Madrid ne fut pas de longue durée ? L'emporta-t-elle en Angleterre ou demeura-t-il en Espagne ? Nous ne savons.

1. Nous empruntons ce curieux renseignement à quelques fragments des *Noticias* donnés en note, par D. P. de Gayangos, dans sa publication intitulée : *Cartas de PP. de la Compañía de Jesus*, éditée par l'Académie de l'histoire, t. II, p. 289. Madrid, 1862. *Imprenta real.*

2.
          La Boissière, dis-moi,
          Vais-je pas bien en homme ?
          — Vous chevauchez, ma foi,
          Mieux que tant que nous sommes, etc.

Voyez Tallemant des Réaux, t. Ier, p. 250, et V. Cousin : *Madame de Chevreuse et Madame de Hautefort*, p. 60 et suivantes.

CHAPITRE VII

Le *Christ en croix;* portraits équestres du *comte-duc d'Olivarès,* de *Philippe III,* de *Philippe IV* et des reines; la *Vue de Saragosse;* portraits des *Nains* et des *Bouffons* de la maison du roi; paysages.

On peut fixer à l'année 1638 la date de l'exécution du *Christ en croix* que Velazquez peignit pour la sacristie du couvent des religieuses de San Placido et qui fait aujourd'hui partie des collections du Prado (n° 1055).

Apporté à Paris en 1826, en même temps que divers autres tableaux appartenant à la comtesse de Chinchon, épouse du prince de la Paix, le *Christ en croix* ne trouva point acquéreur pour le prix de vingt mille francs auquel il était évalué. Remporté en Espagne, il passa, en 1828, à la suite d'un legs, au duc de San Fernando, qui l'offrit immédiatement au roi Ferdinand VII. Ce que raconte M. W. Stirling au sujet de cette peinture, qu'il suppose avoir été enlevée par le roi Joseph ou par quelqu'un de nos généraux pendant la guerre de l'Indépendance, est donc entièrement erroné. Assez de méfaits de ce genre restent à notre charge, sans qu'on en grossisse encore à plaisir le nombre.

La description donnée par M. Stirling pèche, en outre, par l'exactitude. Velazquez n'a pas peint de crâne, d'ossements ni de serpent emblématique au pied de la croix. Ces accessoires, ajoutés seulement vers le commencement du siècle au bas de la toile agrandie et alors que le tableau enlevé du couvent de San Placido décorait la chapelle de Boadilla, résidence de la comtesse de Chinchon, ont naturellement disparu avec le changement de cadre.

Le *Christ en croix* présente une note à part dans l'œuvre de Velazquez; c'est une peinture d'aspect poignant et singulièrement poussée au tragique. Cloué au bois infamant, rendu dans ses détails pittoresques avec une exactitude effrayante, les pieds séparés et percés chacun d'un clou, conformément à la règle posée par saint Irénée et si compendieusement préconisée par Pacheco dans son *Arte de la pintura*, le Christ, finement modelé dans des tons ivoirins, se détache en clair sur un fond d'épaisses ténèbres. De son front, incliné à droite, pend, en une masse, sa longue chevelure trempée de la sueur de l'agonie et maculée par les gouttes sanglantes qui coulent sous les déchirures de la couronne d'épines. Du sang ruisselle de ses mains, de ses pieds et de son côté droit où, béante, s'ouvre la blessure du coup de lance. Pour peindre cette image lugubre et d'un caractère théâtral, Velazquez s'est certainement inspiré non du modèle vivant, mais plutôt de quelqu'une de ces sculptures coloriées, si goûtées de la dévotion espagnole pour leur naturalisme violent, et telles qu'en produisaient Alonso Cano et Martinez Montañes, ses contemporains et ses amis.

Vers la fin de la même année 1638, le duc François Iᵉʳ de Modène vint à Madrid pour être le parrain de l'infante Marie-Thérèse. Il demanda à Velazquez de faire son portrait, et l'en remercia par le don d'une magnifique chaîne d'or dont l'artiste se parait les jours de gala. Sur la destinée de ce portrait, loué par les biographes de Velazquez comme une œuvre des plus remarquables, les catalogues des collections privées ou publiques ne nous fournissent aucun renseignement plausible.

Même obscurité quant au portrait en pied de l'amiral *Adrian Pulido Pareja*, peint par Velazquez en 1639, et au sujet duquel Palomino raconte une assez curieuse anecdote. Un jour que Philippe IV pénétrait dans l'atelier de Velazquez, il lui sembla apercevoir, posant devant l'artiste, l'amiral lui-même, qui avait cependant reçu depuis quelques jours les ordres les plus pressants pour aller prendre le commandement de son escadre. S'avançant vers le coupable, le roi l'interpella vivement : « Eh quoi, encore ici ! Ne t'ai-je donc pas congédié ? Et comment n'es-tu pas encore parti ? » Le mutisme, l'immobilité du personnage firent aussitôt découvrir à Philippe la méprise dont il avait été l'objet ; se tournant alors vers Velazquez : « Je vous assure, dit-il, que j'y ai été parfaitement trompé. »

Toutes les écoles de peinture ont dans leurs traditions de semblables légendes. Le plus souvent elles font sourire. Mais nous demandons grâce pour celle-ci ; la mauvaise vue de Philippe, qui était très myope, et, surtout, l'étonnante illusion de vie que Velazquez a su communiquer à ses portraits, donnent véritablement au récit de Palomino quelque apparence de vraisemblance.

Deux répliques, avec quelques variantes, du portrait de l'amiral

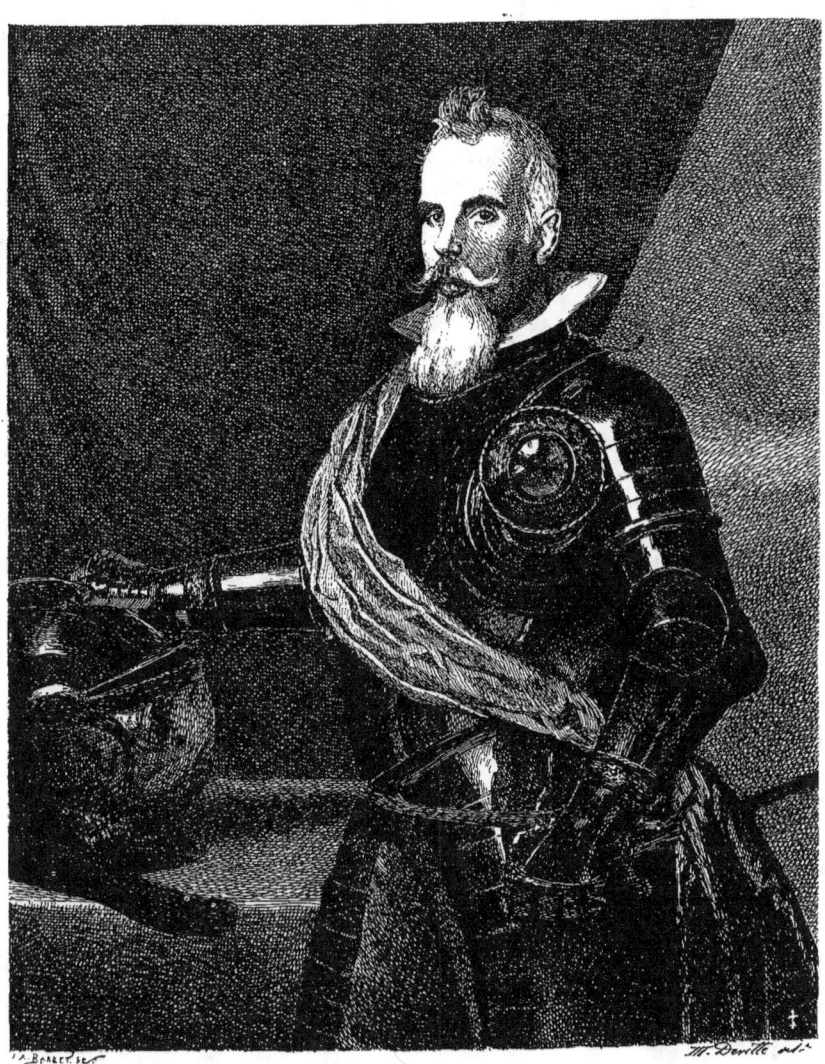

PORTRAIT DE DON ANTONIO ALONSO PIMENTEL, COMTE DE BENAVENTE.

(Musée de Madrid.)

Pulido Pareja, sont cependant signalées dans des collections anglaises : celles de lord Radnor et du duc de Bedford. Mais ni l'une ni l'autre de ces deux copies ne doivent être confondues avec l'original, qui, d'après Palomino, portait, en latin, la signature du maître, suivie de son titre de peintre de la Chambre, avec la date de 1639.

Le portrait appartenant au duc de Bedford a figuré à l'Exposition de Manchester. On y lit l'inscription suivante : *Adrian Pulido Pareja, capitan general de la Armada y flota de Nueva España, facellió en la ciudad de Nueva Vera Cruz, 1664.* Or, Velazquez étant mort en 1660, il n'est guère possible, à moins d'échafauder tout un système de présomptions sur la postériorité de cette inscription, d'accepter comme certaine l'attribution dont les catalogues anglais, et Bürger tout le premier, ont cependant, et sans hésiter, fait honneur à l'artiste.

Palomino mentionne encore quelques personnages importants dont Velazquez reproduisit les traits pendant le laps de temps qui s'écoule entre son premier et son deuxième voyage en Italie (1649). Il cite : le portrait du poète Francisco de Quevedo, aujourd'hui dans la collection du duc de Wellington ; celui du cardinal Gaspar de Borja, — le même, peut-être, qui a fait partie de la galerie Salamanca ; — et encore, les portraits du marquis de la Lapilla, membre du Conseil des Indes, de Pereira et de Don Nicolas de Cardona ; ces deux derniers personnages occupaient des charges élevées dans la domesticité du palais.

C'est encore vers cette même époque que l'artiste fut chargé de peindre, sur son lit d'agonie, le confesseur de la reine, Simon de Roxas, mort en odeur de sainteté. Nous ne savons rien touchant le sort de cette intéressante ébauche.

Avec l'année 1640, nous abordons une période particulièrement féconde. A compter de cette date, les créations de l'artiste se présentent nombreuses, variées, les unes singulièrement puissantes, simplement admirables les autres, magistrales et superbes la plupart. Elles se succèdent et s'échelonnent jusqu'au moment où il fera sa deuxième excursion en Italie; presque toutes se retrouvent au musée du Prado.

En première ligne se place le *Portrait équestre du comte-duc d'Olivarès*, peint autour des années 1640, 1641. La reconnaissance, l'attachement que Velazquez avait pour son protecteur et dont il ne cessa de donner des preuves, même après sa disgrâce, semblent bien, dans cette noble et fière peinture, être venus en aide au génie de l'artiste pour lui

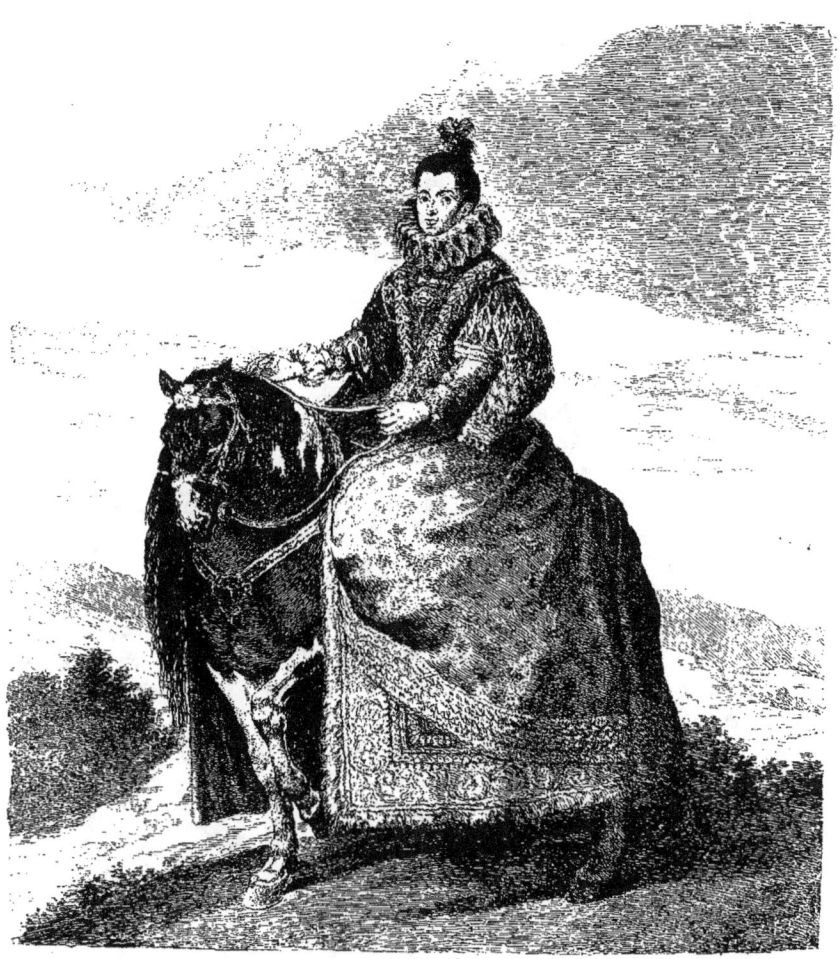

PORTRAIT ÉQUESTRE DE LA REINE MARGUERITE D'AUTRICHE, FEMME DE PHILIPPE III.

(Musée de Madrid.)

inspirer l'un de ses chefs-d'œuvre. Du médiocre politique, du triste et inhabile ministre de Philippe IV, qui jamais, de sa personne, ne prit part à aucune action de guerre, Velazquez a fait un héros, enlevant son cheval de bataille en avant de son armée à laquelle, son bâton de commandement à la main, il désigne l'ennemi d'un geste impérieux. Le mouvement, l'intensité d'action, l'irrésistible élan de ce groupe, jeté en rase campagne et peint tout entier en pleine lumière, atteignent à la plus extrême puissance de relief et d'illusion. En nulle autre œuvre — croyons-nous — on ne trouverait un dessin plus serré et aussi expressif, plus formel et aussi juste; et quant à la coloration, à la fois sobre et mâle, si bien observée dans ses valeurs comme dans ses rapports avec les caresses de la lumière, la vérité en est à ce point saisissante, qu'il ne nous semble pas que la nature elle-même puisse nous apparaître autrement. Non, l'art du peintre ne s'est encore jamais posé avec autant d'audace le problème de l'imitation de la vie, et nul ne le résoudra peut-être, et de longtemps, avec autant de perfection et de bonheur que l'a fait ici Velazquez.

De nombreuses études pour cette belle œuvre et des répliques de dimensions variées figurent dans plusieurs musées et collections particulières. On y rencontre aussi d'autres portraits d'Olivarès tantôt en pied, tantôt en buste, car Velazquez le peignit souvent. Il le représenta maintes fois dans l'exercice de sa charge de grand-écuyer, prenant part aux chasses royales, ou surveillant, dans le manège du palais, en présence du roi et de la reine; les leçons d'équitation du jeune prince don Baltazar Carlos. Velazquez grava même à l'eau-forte un portrait en buste du comte-duc; le musée de Berlin en possède une épreuve provenant de la collection de Cean Bermudez. Nous croyons encore pouvoir attribuer à Velazquez un autre petit portrait en buste, gravé au burin, dont l'unique épreuve connue a appartenu à don Valentin Carderera, avant de faire partie de la collection d'estampes de la Bibliothèque nationale, à Madrid. Nous reviendrons plus à loisir, à la fin de cette étude, sur ces deux rares et curieux essais.

Bien que le *Portrait de don Antonio Pimentel, comte de Benavente et gentilhomme de la chambre de Philippe IV*, — catalogué au musée du Prado sous le n° 1090, — et peint, d'après le catalogue, entre les deux voyages d'Italie, soit lui-même une œuvre merveilleuse de vérité et de vie, nous nous bornerons à le mentionner, en remarquant toutefois que

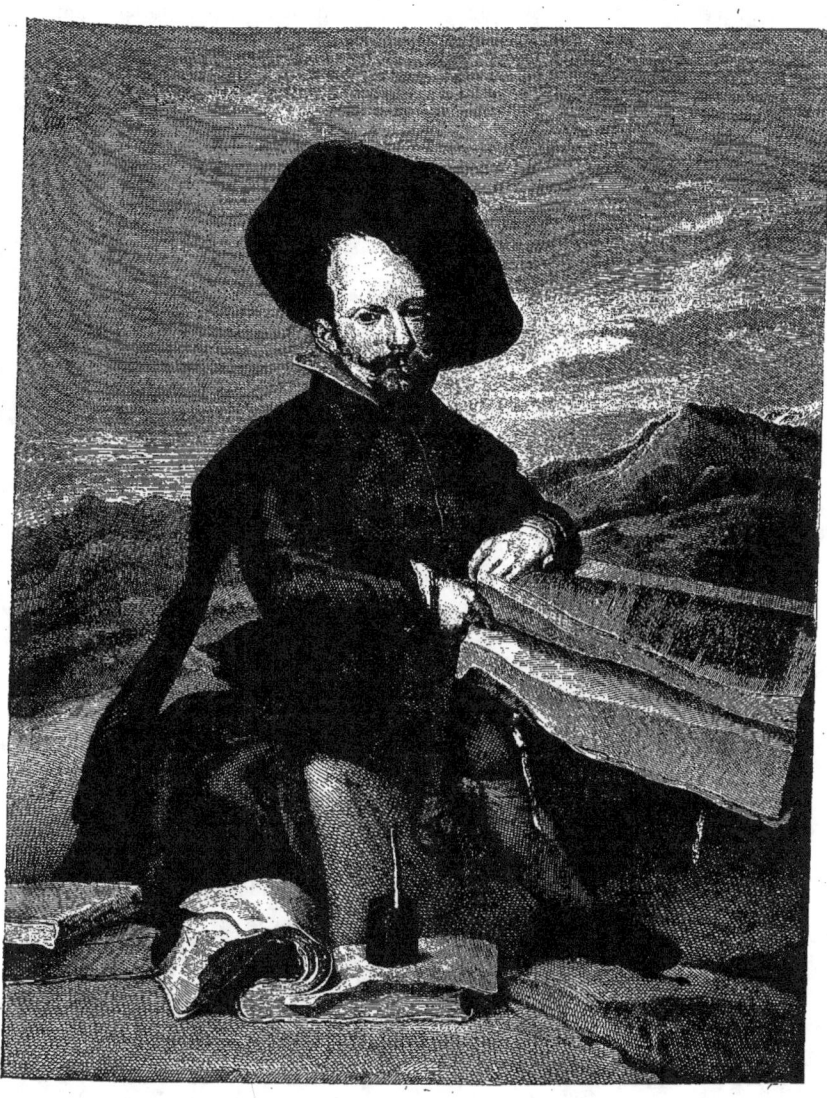

PORTRAIT D'EL PRIMO, NAIN DE PHILIPPE IV.
(Musée de Madrid.)

son exécution on ne peut plus franche et délibérée, particulièrement dans les accessoires : l'armure damasquinée, le casque, les gantelets et l'écharpe d'un si beau ton rose passé, paraît se rattacher déjà à la manière large, aisée, sommaire — *manera abreviada*, disent les Espagnols — qu'adopta Velazquez dans ses derniers ouvrages.

Le soulèvement du Portugal, la révolte de la Catalogne et le succès des armes françaises dans le Roussillon vinrent tirer Philippe IV de son apathie habituelle. Il résolut d'aller prendre lui-même le commandement de ses troupes réunies en Aragon et, au printemps de 1642, la maison royale y compris Velazquez, les nains, les bouffons et les comédiens de la cour, reçurent l'ordre d'accompagner le roi à Saragosse. Mais il n'entrait sans doute pas dans les projets du comte-duc que ce voyage s'effectuât avec rapidité, car avant même d'atteindre Cuenca où il resta encore près d'un mois, s'amusant à chasser et à faire représenter la comédie, Philippe IV passa la plus grande partie du printemps dans la délicieuse possession royale d'Aranjuez. Ce séjour fournit à Velazquez l'occasion de peindre les deux grands paysages portant les nos 1109 et 1110 au catalogue du musée du Prado. Le premier offre la vue des *Jardins de l'île et de la fontaine des Tritons*, l'autre représente l'*Allée de la Reine :* l'un et l'autre sont peuplés d'élégantes et spirituelles petites figures.

L'année suivante est marquée par la disgrâce et l'exil du comte-duc d'Olivarès. Velazquez perdait en lui plus qu'un protecteur ; aussi, son affliction fut-elle profonde. Mauvais courtisan, l'artiste ne sut point refuser au ministre tombé du pouvoir les témoignages de la sincérité de sa douleur ; un moment même ses amis parurent craindre de le voir enveloppé dans la disgrâce du favori. Il n'en fut rien : Philippe IV avait besoin de lui pour seconder ou plutôt pour diriger l'inhabile marquis de Malpica qui occupait alors la charge de surintendant des travaux. Un ordre du roi, daté du 9 juin 1643 et conservé aux archives du palais, assigne à l'artiste des fonctions qui momentanément le placent dans la dépendance du surintendant. La morgue, l'orgueilleuse incapacité de Malcipa ne purent s'accommoder longtemps des conseils de celui qu'il daignait tout au plus considérer à l'égal d'un artisan : des conflits s'élevèrent entre le patricien et l'artiste ; le roi donna tort à son peintre [1].

Pendant l'année 1643 et la suivante, Velazquez dut encore accompa-

1. Archives du palais de Madrid. Liasse 138.

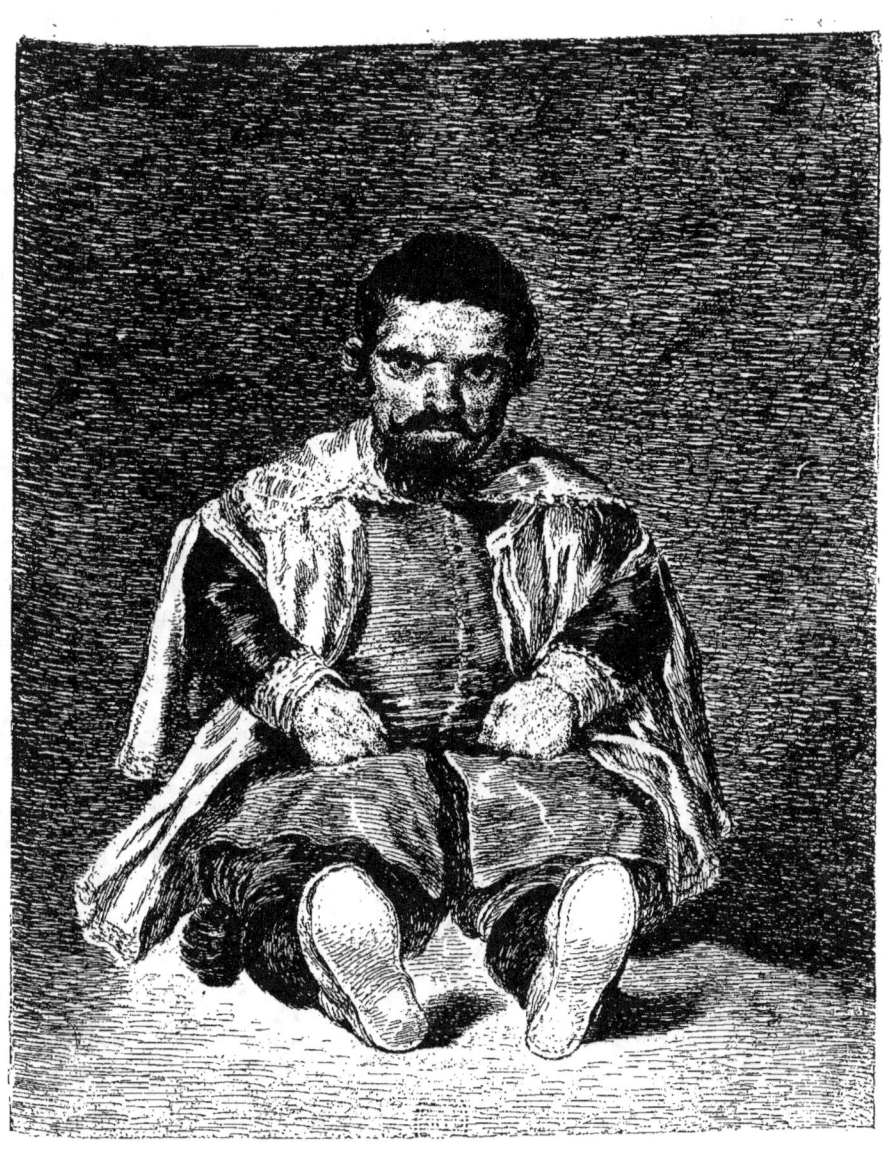

PORTRAIT DE SÉBASTIEN DE MORRA, NAIN DE PHILIPPE IV.
(Musée de Madrid.)

gner le roi en Aragon. Débarrassé de la tutelle d'Olivarès, Philippe avait enfin pris le commandement de ses troupes : il assiégeait Lerida. Le 7 août 1644, il réussit à s'emparer de cette place, où il fit son entrée triomphale, couvert de la demi-armure d'acier bruni, damasquiné d'or, et portant le riche et élégant costume que Velazquez a fidèlement reproduit dans le portrait équestre n° 1066 qui est un des joyaux du musée du Prado. Ce portrait date exactement de l'année 1644. Pour son exécution, Velazquez utilisa l'esquisse qu'il avait peinte en trois séances à Fraga, où le roi lui avait fait tout exprès disposer un atelier [1].

Les trois autres portraits équestres que possède le musée de Madrid et qui représentent la reine *Isabelle de Bourbon, femme de Philippe IV, Philippe III et sa femme, Marguerite d'Autriche,* furent peints à la même époque. Pour les ressemblances de ces deux derniers personnages Velazquez dut nécessairement consulter les peintures de Pantoja de la Cruz et de Bartolome Gonzalez. Ses élèves, Martinez del Mazo, Villacis, ou peut-être Carreño, l'aidèrent dans cet énorme travail. Dans les portraits des deux reines, exécutés de grandeur naturelle, la plus grande partie des vêtements, les harnais, les riches housses des chevaux et quelques autres détails sont d'une autre main que la sienne. L'achèvement du beau portrait de la reine Isabelle dut précéder de bien peu la mort de la fille de Henri IV : elle s'éteignit, en effet, le 6 octobre 1644.

Deux ans après mourait, à Saragosse, l'infant don Baltazar Carlos, l'héritier du trône [2]. Velazquez l'avait peint pour la dernière fois en 1643 ou 1644, dans ce portrait en pied d'une si belle tournure, où le jeune prince est représenté la Toison d'or au cou et entièrement vêtu de noir, et qui est décrit sous le n° 1083 au catalogue du musée de Madrid.

L'infant don Baltazar Carlos avait attaché à sa maison l'élève et le gendre de Velazquez, Martinez del Mazo; ce jeune peintre l'accompagna en Aragon. Sur les indications de l'infant, Mazo commença alors l'étude

---

1. *Comptes de dépenses,* aux archives du palais. Liasse 124.

2. « Ce prince (l'infant don Baltazar Carlos) estoit d'un esprit hardy, mais sanguinaire et cruel, selon les marques qu'il en avoit données. On tient que ce qui l'enleva à tant d'Estats, dont il estoit regardé comme l'unique héritier, fut que Don Pedro d'Aragon, premier gentilhomme de sa chambre, ayant souffert qu'une nuit il couchast avec une fille de joye, il s'échauffa tant avec elle, que le lendemain il tomba malade d'une grosse fièvre. Les médecins, n'ayant pas sceu ce qui s'étoit passé, le saignèrent, et ainsi affoiblissant ses forces, dont la diminution causoit son mal, avancèrent sa fin. » (*Voyage d'Espagne.* La Haye, 1695.)

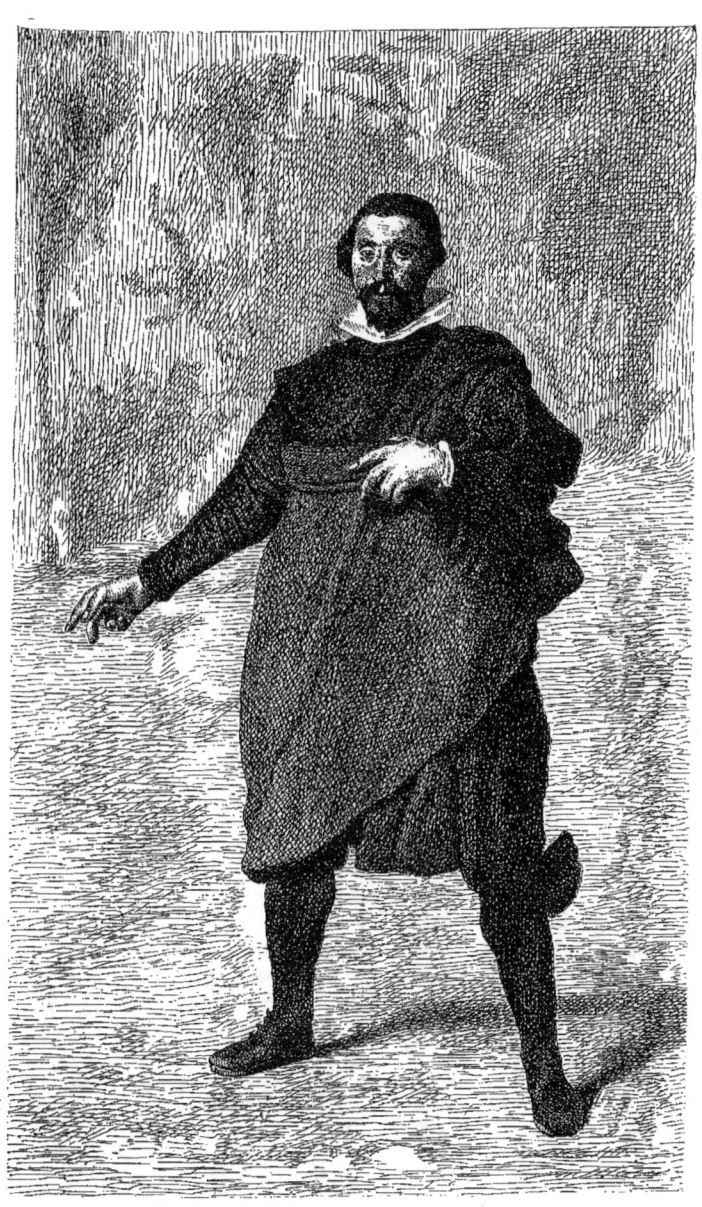

PORTRAIT DE PABLILLOS, BOUFFON DE PHILIPPE IV.
(Musée de Madrid.)

de la *Vue de Saragosse*, actuellement au musée du Prado (n° 788); elle ne fut terminée qu'en 1647, comme le dit l'inscription placée sur un rocher à la droite du tableau. On sait que Velazquez est l'auteur des vivantes petites figures qu'on y voit groupées sur l'une et l'autre rive de l'Èbre.

Dans ce même atelier de Fraga, où le roi se désennuyait en se faisant peindre, Velazquez eut également pour modèle le nain *el Primo*. Il le représenta assis, au milieu d'une campagne déserte et montueuse, la tête couverte d'un chapeau noir aux larges ailes, de la forme de ceux qu'on nomme *chambergos*, tout vêtu de noir et occupé à feuilleter gravement un gros in-folio. A terre gisent d'autres livres, l'un d'eux est surmonté d'un encrier de corne où trempe une plume.

Le portrait de ce diminutif d'homme, sur le visage expressif duquel se lisent la finesse et l'esprit, et où l'on démêle une légère teinte de mélancolie, est, comme exécution, de la plus surprenante habileté. Avec un peu d'ocre et du noir et du blanc, dont il tire toute la riche gamme des gris, Velazquez est parvenu à créer une figure d'une réalité singulièrement puissante. Les noirs des vêtements, qui forment la note dominante, s'y nuancent en teintes d'une variété, d'une apparence et d'une souplesse si réelles, si tangibles, qu'ils semblent saillir de la toile. Véritablement on sent le moelleux, le grain même des tissus, on en distingue la nature et la richesse [1].

Les diverses représentations de nains, de monstres de nature, de bouffons et d'idiots qu'on trouve au musée du Prado, furent exécutées pour la plupart à la même époque que le portrait d'*el Primo*, ou s'échelonnent entre les années 1644 et 1648. Nous rangeons dans cette catégorie l'*Enfant de Vallecas* (n° 1098 du catalogue), le *Bobo de Coria* (n° 1099), le nain *Sébastien de Morra* (n° 1096) [2] et le portrait en pied de ce bouffon, *truhan* ou *hombre de placer* — comme disent les inventaires de la maison de Philippe IV, — que l'ancien catalogue désignait sous ce titre : l'*Acteur*, et auquel le nouveau rend un état civil en le baptisant : *Pablillos de Valladolid* (n° 1092).

1. Nous relevons, dans un inventaire dressé après la mort de Charles II, la mention suivante, relative à ce portrait : « 455. *Item*. Otro retrato del Enano que llaman *el Primo* de mano del mismo Velazquez, tasado en 40 doblones. »

2. *Invent. de las pinturas del Alcazar; Testamentaria de D. Carlos II* : « 454. Un retrato del Enano Morra, de vara y media de alto, quasi en cuadro, de mano de Diego de Velazquez, tasado en 40 doblones ».

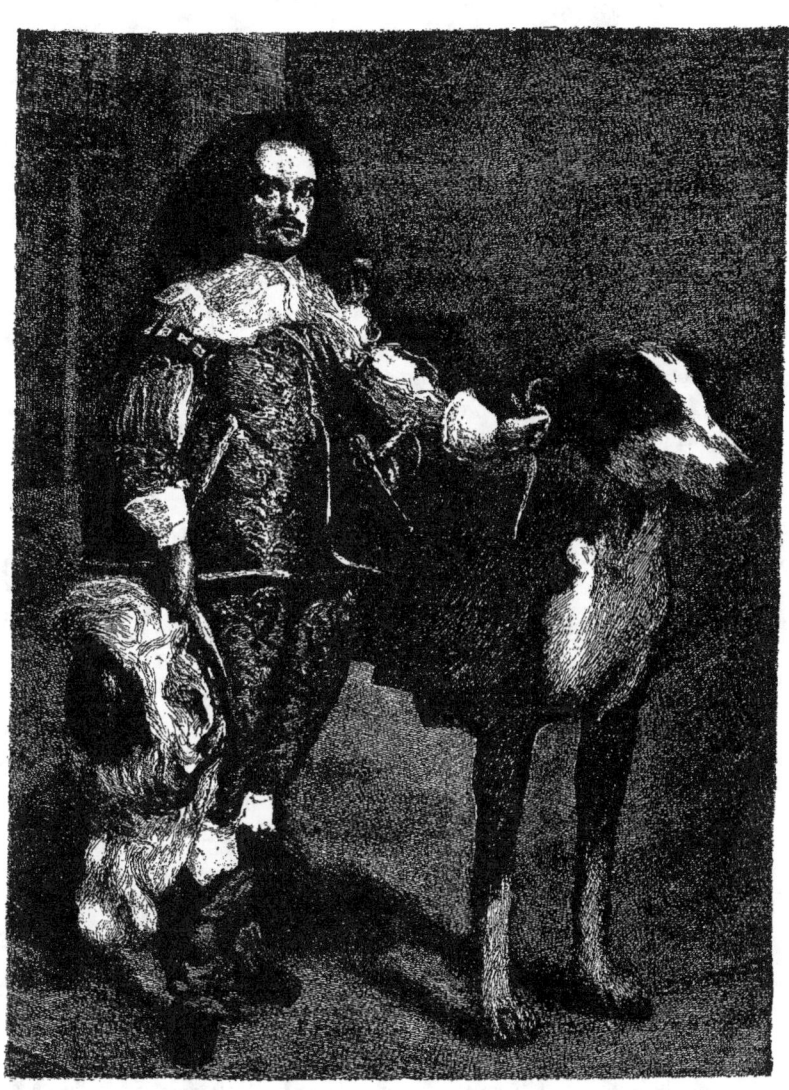

PORTRAIT DE « ANTONIO EL INGLES », NAIN DE PHILIPPE IV.

(Musée de Madrid.)

On se demande quel pouvait bien être au fond l'emploi avouable de
ce Scapin, tout de noir vêtu, avec sa mine d'entremetteur, son sourire
équivoque et ses petits yeux ronds pétillants de malice. A qui donc en
veut-il avec sa faconde et pourquoi ce geste si comiquement démons-
tratif? Acculé, à bout d'arguments, le fourbe ment-il pour son compte
ou pour le compte d'autrui ? On voudrait savoir. Mais les chroniques du
temps, même les plus indiscrètes, sont restées muettes quant aux qualités et mérites particuliers de cet énigmatique personnage.

C'est, au surplus, à force de patientes investigations que l'érudit
auteur du nouveau catalogue du musée du Prado est parvenu à reconstituer une individualité et comme une physionomie propre à chacune de
ces étranges figures d'avortons, de niais et d'*hommes de plaisir* qu'on
voit fourmiller dans la domesticité de Philippe IV. Il lui a fallu compul-
ser les inventaires, interroger les comptes de rations journalières qu'allouait à chacun, en nature ou en argent, la royale *Dispensa*, et, même,
dépouiller les rôles de distribution des costumes — *vestidos de merced*
— dont la libéralité du monarque gratifiait annuellement tout ce personnel baroque, y compris les barbiers, les *moços de retrete*, les cordon-
niers, les écuyers de pied, les gardiens des lévriers et jusqu'à son propre
peintre don Diego Velazquez.

Grâce aux recherches de M. de Madrazo, nous savons à cette heure
et à n'en plus douter, que Velazquez a peint le bouffon *Pernia* sous les
traits de ce *Barberousse* de comédie que l'ancien catalogue avait eu le
tort de prendre au sérieux; nous pouvons désigner par son nom de *Don
Antonio el Ingles*, ce nain, à la longue chevelure coquettement nouée
d'un nœud rouge, magnifiquement vêtu de drap d'or et couvert de riches
dentelles, qui, son feutre emplumé à la main, mène gravement en laisse
une grande chienne tachetée de noir et blanc, presque aussi haute que
lui ; nous savons enfin que le vieux reître, habillé comme au temps de
Philippe III, d'un costume noir, rose et violet pâle, et qui a fourni à
Velazquez l'occasion de peindre un chef-d'œuvre, s'appelait — de son
surnom bien entendu — *Don Juan de Austria*, et que c'est là tout ce
qu'il avait de commun avec le vainqueur de Lépante.

Ces trois derniers portraits, destinés sans doute à compléter la décoration de quelque salle au Pardo, à la Torre de la Parada ou même à
l'ancien Alcazar, transformé peu à peu en un palais plein de richesses
d'art et de merveilles par les soins du peintre de Philippe IV, ne datent

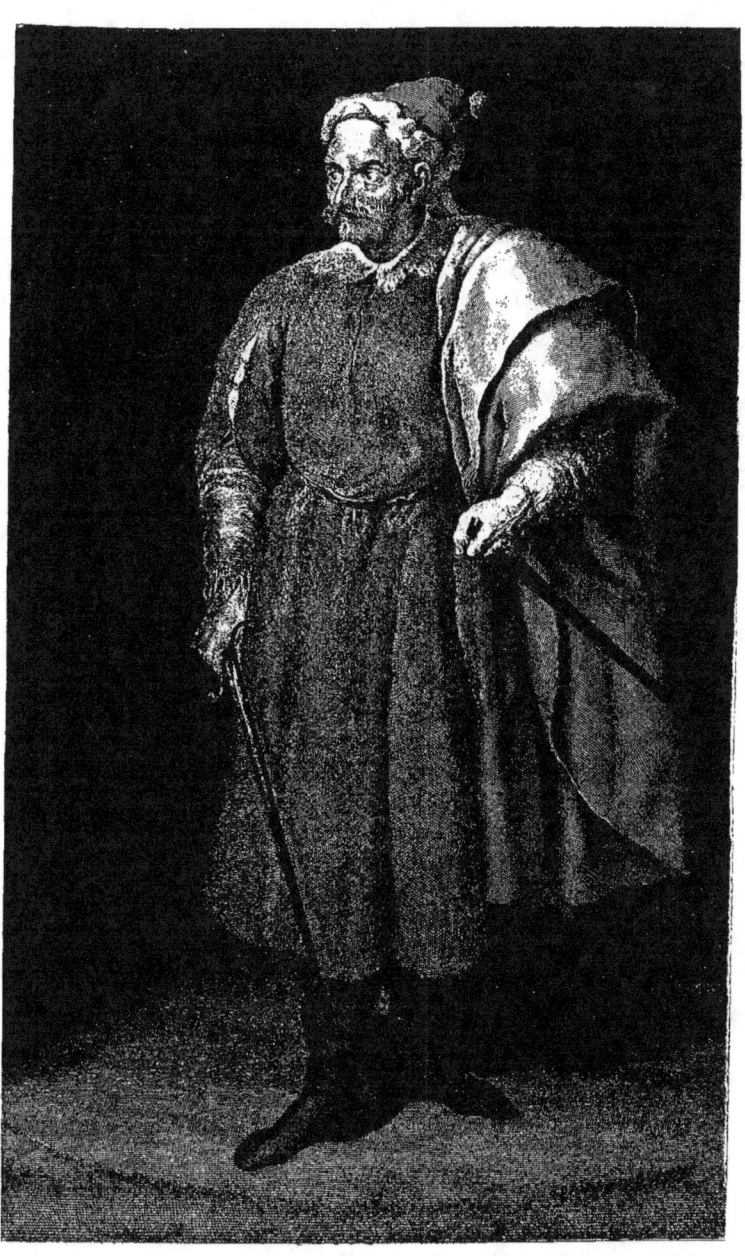

PORTRAIT DE PERNIA, BOUFFON DE PHILIPPE IV, SURNOMMÉ « BARBEROUSSE ».
(Musée de Madrid.)

que des dix dernières années de la vie de l'artiste ; comme l'*Ésope* et le *Ménippe* (n°s 1100 et 1101 du catalogue), qu'il est permis de rattacher à cette série de grotesques, ils appartiennent, comme exécution, à sa plus libre manière.

Il s'en faut que le musée de Madrid ait recueilli toutes les représentations de nains, de bouffons et de personnages hétéroclites que peignit Velazquez : le marquis de Léganès lui en avait commandé et en possédait quelques-unes, qui passèrent plus tard dans la collection d'Altamira. D'un autre côté, d'anciens inventaires royaux mentionnent plusieurs peintures du même genre qui ont disparu.

Nous signalons notamment un portrait de *Cardenas le Toreador, son chapeau à la main ;* celui d'un bouffon appelé *Calabacillas, tenant un portrait dans une main et un billet dans l'autre,* et un autre encore désigné comme étant le portrait d'*Ochoa, portier du palais, présentant des papiers.*

Dans son énumération des tableaux du maître qui, de son temps, faisaient partie de la décoration du palais de l'Oriente, Cean Bermudez cite le portrait d'un vieillard appelé l'*Alcalde Ronquillo,* que Goya a gravé à l'eau-forte.

Enfin, Ponz, dans le *Viage de Espana,* décrivant les tableaux encore placés dans le palais du Retiro, à la fin du xviiie siècle, parle d'un portrait de bouffon, « *s'amusant avec un petit moulin de papier* », et d'un autre encore — *y alguno mas* — qu'il dit être peints, l'un et l'autre, dans la manière de Velazquez. Le portrait du bouffon — *divertido con un molinillo de papel* — se trouve aujourd'hui dans la collection laissée par feu M. Maurice Cottier.

CHAPITRE VIII

La *Reddition de Breda* ou le *Tableau des Lances;* second voyage de Velazquez en Italie; ses acquisitions d'œuvres d'art; portrait du pape Innocent X; retour à Madrid.

Les biographes de Velazquez et l'auteur du Catalogue du musée de Madrid sont d'accord pour placer autour de l'année 1647 la date de l'exécution de la *Reddition de Breda,* plus généralement appelée le *Tableau des Lances.*

Il est cependant probable que dès l'époque où, en compagnie du marquis Ambroise Spinola, Velazquez traversait la Méditerranée pour se rendre en Italie, il arrêtait déjà dans sa pensée le projet de cette composition. C'est, en effet, à ce moment et de la bouche même du vainqueur de Breda qu'il apprit, pour les fixer précieusement dans sa mémoire, les péripéties et les particularités d'un événement de guerre que l'opiniâtre résistance des Hollandais avait rendu glorieux pour les armes espagnoles.

Peu de mois après cette rencontre, Spinola tombait en complète disgrâce et mourait en Italie, victime d'une intrigue de cour et de l'ingratitude du roi. En même temps que nous croyons rencontrer dans cette suite de circonstances la cause réelle et l'explication des obstacles qui purent s'imposer à l'artiste et l'amener à différer l'exécution de son projet, nous en admirons davantage de quelle merveilleuse faculté de seconde vue et de quelle étonnante puissance d'intuition Velazquez a su faire preuve, en donnant aux récits de Spinola le mouvement et la vie, et en reconstituant cette grandiose et saisissante scène de la capitulation de Breda avec la même apparente vérité que s'il en eût été le témoin oculaire : la clarté, le feu, l'émotion même des triomphants souvenirs de Spinola ont passé et se retrouvent tout entiers dans l'œuvre superbe du peintre.

Guidé par son sens exquis de la réalité et bien en possession de son sujet, qu'on serait cependant tenté de croire ingrat, Velazquez a composé, en dehors de toute convention comme de toute tradition, l'une des plus vivantes pages d'histoire que la peinture ait encore produites. Aucune ne se laisse mieux lire et pénétrer ; aucune autre n'est plus sincèrement éloquente dans la claire simplicité de son exécution.

En avant de Breda dont on aperçoit la silhouette à l'horizon, au milieu d'une immense plaine à demi inondée que coupent çà et là des tranchées, des canaux, où s'élèvent des baraquements, de longues files de tentes et des travaux d'approche, l'armée espagnole, comme pour une parade ou une bataille, est rangée sous les armes. Sur des points diversement éloignés flottent ses enseignes et ses étendards écartelés de blanc, de rose et d'azur ; à droite, au centre, se dressent des carrés de piques et, pareilles à des forêts de mâts, ces hautes lances qui ont fait donner son nom au tableau.

Sur les premiers plans, et séparés par un large intervalle par où la vue s'étend sur cet immense panorama tout baigné d'air et de lumière et où montent en tourbillonnant des fumées d'incendies, se groupent les escortes des deux chefs d'armée : à droite, les Espagnols, aux allures distinguées et hautaines ; à gauche, les Hollandais, à la tournure épaisse et flegmatique.

Dans l'espace laissé libre, le général espagnol et Justin de Nassau, qui commandait dans Breda, s'abordent. Celui-ci s'incline et présente au vainqueur la clef de la forteresse que le marquis de Spinola reçoit, tête nue, le chapeau et le bâton de commandement à la main ; il est couvert de son armure d'acier bruni, clouée d'or, que traverse une écharpe de soie rose pâle. S'avançant vers Justin de Nassau et lui posant la main sur l'épaule, chaleureusement il le félicite de sa longue et belle défense. Son geste, son attitude sont empreints de tant d'affabilité et de bonne grâce, qu'il nous semble entendre les courtoises et cordiales paroles qui tombent de ses lèvres et que recueillent, avec attention, les personnages mêlés aux deux escortes. Presque toutes ces graves et nobles figures sont des portraits : on peut y reconnaître le marquis de Léganès, le prince d'Anhalt, Coloma, Medina, Carlos Roma, Paulo Ballon, qui exerçaient de hauts commandements dans l'armée espagnole.

Pour rompre la monotonie des groupes et y jeter du mouvement, de l'animation, Velazquez a peint, tout à fait au premier plan et reculant de côté sur le spectateur, le cheval de Spinola, tandis que, dans l'escorte des

Flamands, armés de mousquets, de courtes piques et de hallebardes, un page s'efforce de retenir par la bride le cheval de Justin de Nassau.

Une tradition, qui n'a rien de plausible, veut que le jeune gentil-homme, placé à l'extrême droite de la toile, et qui porte un feutre emplumé, de longues bottes ajustées et un manteau gris, soit le portrait du peintre. A l'époque où il peignait les *Lances*, Velazquez avait quarante-huit ans ; or, le cavalier vêtu de gris n'a guère plus de vingt-cinq à vingt-six ans.

Nous ne saurions traduire à l'aide des mots tout ce que cette origi-nale composition — qui semble non pas imaginée mais vécue — offre dans son aspect de naturel, de spontané, d'inattendu. L'intérêt et le charme qui se dégagent de son action, si simplement et noblement exprimée, si émouvante même, grâce à la seule force de l'éloquence du vrai, attachent et captivent au plus haut point ; on y assiste, on y a part active ; l'illusion ne saurait être plus complète. La hardiesse et la perfection de l'exécution jouent nécessairement un grand rôle dans ce résultat ; l'une et l'autre sont extrêmes. Toutes choses, dans cette vaste toile, se modèlent en pleine lumière, franchement, fièrement, sans sous-entendus comme sans artifices. L'air circule partout, étendant une atmo-sphère perceptible au-dessus de ce paysage qui fuit à des distances inouïes, le baignant de clartés, de ruissellements et de fraîcheur, enve-loppant les formes, caressant les contours, tranquillisant et reliant entre elles les colorations, graves, chaudes, opulentes, çà et là discrètement mêlées de quelques notes claires et chantantes, pour les fondre en une large et puissante harmonie.

La *Reddition de Breda* fut le dernier grand ouvrage que peignit Velazquez avant son second voyage d'Italie. Il fut placé dans le *Salon des Comédies*, au palais du Buen-Retiro, où figurait déjà une toile de Jose Leonardo représentant le même sujet. Réunies encore aujourd'hui au musée du Prado, les deux peintures prêtent à une comparaison forcé-ment défavorable pour l'œuvre de Leonardo ; cette dernière est cepen-dant loin d'être sans mérite. Ce rapprochement entre deux compositions peintes à peu près dans le même temps et traitant la même donnée n'est pas, au surplus, sans intérêt : on en mesure mieux toute la distance qui sépare le talent du génie.

Des difficultés relatives au paiement de ses ouvrages et au règlement des arriérés de sa pension, difficultés qui ne furent tranchées qu'au moyen d'une transaction onéreuse aux intérêts de l'artiste, paraissent avoir retardé assez longtemps le départ de Velazquez [1]. Dans les dernières semaines de l'année 1648, il put enfin quitter Madrid. Le 2 janvier 1649, accompagné par son fidèle serviteur et élève Pareja, il s'embarquait à Malaga en même temps que le duc de Najera, qui se rendait avec une suite nombreuse dans le Trentin, pour y recevoir l'archiduchesse Marianne d'Autriche, fiancée à Philippe IV.

L'objet principal de ce second voyage de Velazquez était de réunir de nouvelles œuvres d'art et de se procurer des moulages des plus belles statues antiques, destinés, soit à l'Académie de dessin, dont la création, toujours projetée et toujours retardée, faute d'argent, ne devait définitivement être établie que cent ans plus tard, sous le règne de Ferdinand VI, soit à l'embellissement de l'ancien Alcazar. Velazquez avait encore un autre but. Chargé, en 1647, de diriger les travaux de transformation qui s'opéraient dans la partie de ce palais, appelée la *Vieille-Tour*, il avait lui-même tracé les plans d'une vaste salle, de forme octogone, dont la décoration, conçue également par lui avec une grande richesse d'invention, exigeait le concours d'artistes stucateurs et fresquistes qu'il se proposait de ramener d'Italie.

1. Un *ordre royal*, daté du 18 mai 1648, nous fournit les renseignements les plus précis sur l'état des sommes assez importantes qui, depuis longues années déjà, étaient dues à Velazquez, arriérés dont il avait proposé au roi de faire abandon complet, moyennant une légère augmentation de la chétive annuité que la royale *Dispensa* lui payait depuis 1640 avec assez de régularité. Bien qu'une telle transaction dût nécessairement être désastreuse pour les intérêts de son peintre et honteuse pour lui-même, Philippe n'hésita pas à l'accepter comme la chose du monde la plus naturelle. Voici d'ailleurs la traduction de cette curieuse pièce : « Diego Velazquez m'a représenté que, tant sur les peintures qu'il a faites pour mon service depuis l'année 1628 jusqu'à celle de 1640, que sur ses gages de peintre à partir de l'année 1630 jusqu'à celle de 1634, impayés faute de fonds, il lui demeure redû une somme de 34,000 réaux, le surplus ayant été acquitté au moyen de la somme de 500 ducats, que j'ai ordonné qu'on lui payât, par mensualités, depuis l'année 1640, sur les dépensés ordinaires. Il me supplie d'ordonner que cette somme de 500 ducats soit portée à 700, et qu'elle continue à lui être payée sur la même assignation et par le même mode, jusqu'à ce que je lui accorde quelque autre compensation, *pour qu'il puisse vivre* (para poderse sustentar); moyennant quoi, il se tiendra pour payé de la somme à lui due ainsi que de celles lui revenant pour les peintures qu'il a faites ou qu'il fera à l'avenir; comme j'ai décidé de faire droit à cette demande, le *Bureo* prendra les mesures nécessaires pour que le présent ordre reçoive son exécution. Madrid, 18 de mai 1648. » (*Archives de la maison de Philippe IV*, l. III, d. 13.)

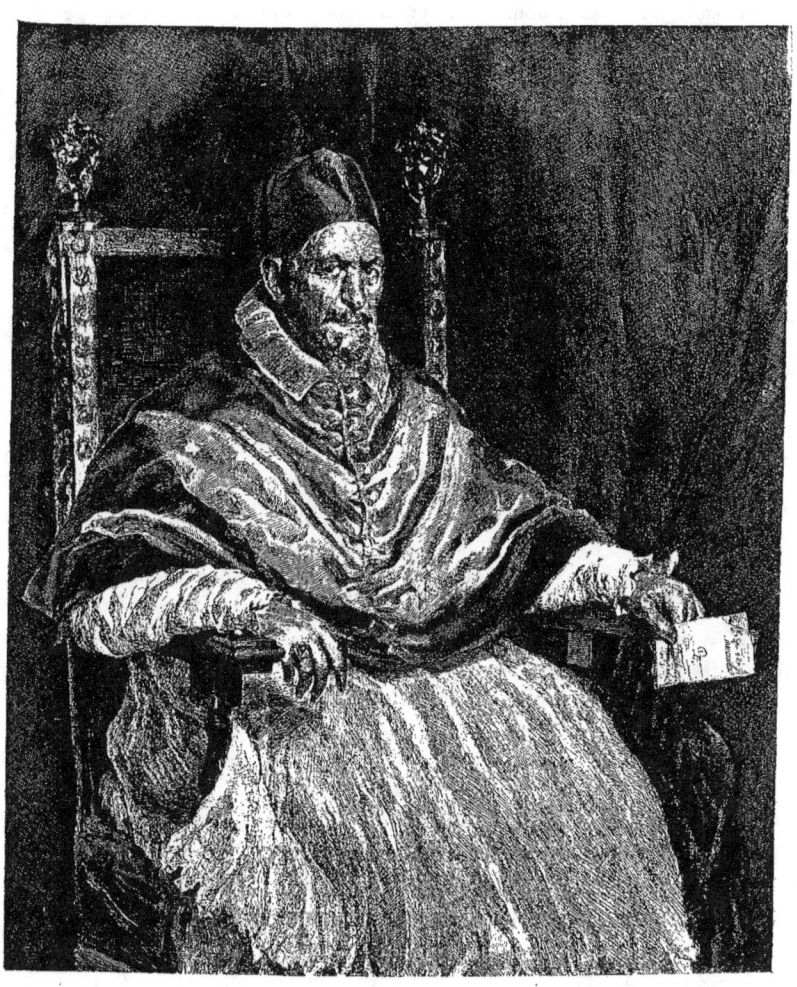

PORTRAIT DU PAPE INNOCENT X.
(Galerie Pamphili, à Rome.)

Velazquez débarqua à Gênes, visita Milan et, par Padoue, gagna Venise, où il acquit, pour le compte du roi, l'une des plus belles peintures de Véronèse, *Vénus et Adonis*, deux toiles du Tintoret, la *Purification du butin fait sur les Madianites* et la *Conversion de saint Paul*, en même temps qu'une précieuse esquisse du *Paradis*, immense composition que le Tintoret avait exécutée pour la salle du *Grand Conseil* au palais ducal.

De Venise, Velazquez alla à Bologne, où il rencontra les peintres Colonna et Mitelli, réputés les plus habiles décorateurs de l'époque ; il les engagea immédiatement au service de Philippe IV.

Après avoir visité Modène, Parme, Florence et traversé une première fois Rome, il se rendit à Naples, où sa mission l'appelait à s'entendre avec le vice-roi, le comte d'Oñate, le même qui venait de noyer dans le sang la révolte de Masaniello. Velazquez renouvela connaissance avec Ribera, puis il partit pour Rome, où son séjour se prolongea plus d'un an.

Le pape régnant, Innocent X, Giovanni Battista Pamphili, plus bibliophile qu'artiste, n'en fit pas moins au peintre de Philippe IV le plus gracieux accueil. Il lui demanda de peindre son portrait, et l'en remercia par le don d'une médaille à son effigie et d'une riche chaîne d'or. On sait ce qu'est ce portrait d'Innocent X, conservé au palais Doria : une merveille de vie et de virtuosité d'exécution. Parlant des tableaux de la galerie Doria, M. Taine écrit : « Le chef-d'œuvre, entre tous les portraits, est celui du pape Innocent X par Velazquez. Sur un fauteuil rouge, au-dessus d'un manteau rouge, dans une tenture rouge, sous une calotte rouge, une figure rouge, la figure d'un pauvre niais, d'un cuistre usé ; faites avec cela un tableau qu'on n'oublie plus ! »

Palomino nous apprend que Velazquez fit une copie de ce portrait et qu'il la rapporta en Espagne. Elle n'y est plus ; mais il serait peut-être possible de la retrouver dans l'une des deux répliques mentionnées par W. Bürger dans son catalogue des œuvres du maître, et qui appartiennent à lord Lansdowne et au duc de Wellington. Le musée de l'Ermitage possède aussi une étude d'après nature de la tête d'Innocent X.

Avant d'entreprendre le portrait du pontife, Velazquez, au dire de Palomino, s'y serait préparé en peignant à mi-corps le portrait de son élève Pareja ; cet ouvrage, qui eut les honneurs de l'exposition publique

au Panthéon, valut à l'artiste espagnol son admission d'emblée comme
membre de l'Académie de Saint-Luc. Le musée du Capitole conserve un
portrait d'homme, *inconnu*, représenté précisément à mi-corps, et dont
l'attribution à Velazquez ne paraît pas soulever de doute. Il se pourrait
que ce fût là ce portrait de Pareja, improvisé par l'artiste en une séance
pour se faire la main.

Le même biographe nous donne une longue liste des divers autres
portraits exécutés par Velazquez pendant son second séjour à Rome ; on
y voit figurer ceux du Cardinal-neveu, de donna Olympia Maldachini,
cette belle-sœur du pape, qui gouvernait l'Église et vendait les emplois
publics ; de deux camériers, du majordome et du propre barbier de Sa
Sainteté, d'un employé de la secrétairerie papale, de Gérôme Bibaldo,
et enfin d'une dame dont Palomino vante le talent de peintre, Flaminia
Triunfi. A cette nomenclature Palomino ajoute cette remarque, intéressante à recueillir, que Velazquez exécuta la plupart de ces portraits à
l'aide de ces longues brosses — *pinceles de astas largas* — dont il fit
presque constamment usage à partir de ce moment et pendant toute la
dernière période de sa vie.

La mission que Velazquez avait à remplir, et qui consistait surtout
à acquérir des peintures, à faire mouler des statues et particulièrement
les plus célèbres morceaux antiques, le mettait en rapport avec tout ce
que Rome renfermait alors de sculpteurs, de décorateurs et de peintres
renommés.

Il se lia avec le Bernin, l'Algardi, Pietro da Cortona, Matteo Preti,
surnommé Il Calabrese, et, ce qui nous intéresse davantage, avec Claude
le Lorrain et notre grand Nicolas Poussin. Dans son *Arcadia pictorica*,
Francisco Preciado assure que Velazquez commanda ou acheta à ces derniers peintres plusieurs ouvrages importants qui vinrent prendre place
dans la collection de Philippe IV. Quelques-uns font encore aujourd'hui
partie du musée de Madrid.

M. W. Stirling a retrouvé, dans la *Carte de la navigation pittoresque*
que Marco Boschini publia à Venise, en 1660, en dialecte vénitien, une
curieuse trace du voyage de Velazquez en Italie. Après avoir mentionné
son passage à Venise et l'avoir compté au nombre des éminents maîtres
étrangers qui préféraient l'école vénitienne à toutes les autres, Boschini
raconte que Velazquez se rendit ensuite à Rome et qu'il commanda des
tableaux à plusieurs artistes vivants. Dans un entretien que Boschini

imagine entre Velazquez et Salvator Rosa, celui-ci lui demande ce qu'il pense de Raphael, et à cette question Velazquez répond :

> . . . . . . (A dirve el vero;
> Piasendome esser libero, e sincero)
> Stago per dir, che nol me piase niente.

..... « Si je dois parler librement et avec sincérité, comme je le désire, je dirai qu'il ne me plaît en rien. » Puis, pour bien faire comprendre toute sa pensée, Velazquez ajoute :

> A Venetia se trova el bon, e'l belo;
> Mi dago el primo liogo a quel penclo :
> Tixian xe quel, che porta la bandiera.

« C'est à Venise que se trouvent le bon et le beau (en peinture); son pinceau est, pour moi, le premier du monde, et Titien est celui-là qui porte la bannière. » On ne saurait nier qu'au fond de ces opinions que Boschini prête d'ailleurs si gratuitement à Velazquez, il n'y ait une certaine part de vraisemblance : certes, il admirait profondément Raphael, mais son tempérament de coloriste lui faisait préférer à tout les Vénitiens. L'absence de Velazquez s'était prolongée au delà d'une année, et l'artiste ne paraissait guère songer au retour. Philippe IV s'impatientant, un grand ami du peintre, don Fernando Ruiz de Contreras, lui écrivit de revenir. Ce ne fut cependant qu'au mois de mai 1651 qu'il put se mettre en route, après avoir dirigé sur Naples les précieuses collections qu'il avait réunies. Velazquez avait, paraît-il, l'intention de faire son voyage par terre et même de visiter Paris ; mais la guerre entre l'Espagne et la France durait encore, et il dut s'embarquer à Gênes. Au mois de juin 1651, il débarquait à Barcelone.

CHAPITRE IX

Pendant les premiers mois qui suivirent son retour à Madrid, Velazquez eut à peine le loisir de peindre. Tout son temps était absorbé, tantôt par l'aménagement des tableaux et des marbres offerts au roi par les grands ou récemment acquis en Italie, tantôt par la surveillance à donner à l'opération de la fonte en bronze des bustes et des statues antiques dont il avait rapporté des moulages, — opération qu'il avait confiée aux soins du sculpteur Ferrer, ramené expressément par lui de Rome, — tantôt, enfin, par la haute direction des grands travaux de restauration et de décoration entrepris et poursuivis sous ses ordres par toute une légion d'habiles artistes espagnols et italiens, dans les diverses parties du royal Alcazar. Velazquez dresse alors des plans, arrête des devis et, à l'occasion, pour mieux faire comprendre ses projets à Philippe IV, il jette sur la toile de vives et puissantes ébauches où se formulent ses belles et riches inventions décoratives[1].

A ces occupations déjà si multiples s'en ajoutèrent bientôt de nouvelles et beaucoup plus assujettissantes encore.

La charge d'*Aposentador de palacio* étant venue à vaquer, Velazquez la sollicita en rappelant, dans sa demande, les services qu'il était chaque jour appelé à rendre dans l'agencement et la décoration des appartements royaux, et en observant que l'emploi convenait tout particulièrement « à ses aptitudes et à son occupation habituelle » — *à su genio y occupacion,* — ainsi qu'il le dit lui-même dans son *Mémorial.*

Malgré de si indiscutables mérites, nous ne voyons cependant figurer

---

1. Sur les inventaires, dressés après la mort de Charles II, figuraient encore quelques-unes de ces *perspectives* peintes par Velazquez : l'une d'elles représentait la vue du *Salon doré,* achevé sous Philippe IV; une autre l'*Intérieur du temple avec la vue du maître-autel de l'Escurial :* ces deux toiles sont à ajouter à la liste des ouvrages du maître qui ont disparu.

son nom en première ligne sur aucune des listes de propositions dressées, pour être soumises au choix du roi, par chacun des membres du *Bureo ;* seul, le comte de Montalvan le met au second rang; sur les autres listes il n'occupe que le troisième et même le quatrième : au surplus, le roi n'en tint compte, et nous lisons, écrit de sa main, en marge de la délibération de son conseil privé, à la date du 16 février 1652 : — « Je nomme Velazquez [1] ».

Or ce n'était rien moins qu'une sinécure que cet emploi de *fourrier* ou de *grand maréchal*, qui non seulement astreignait désormais l'artiste à accompagner le roi dans ses déplacements, à pourvoir alors à la préparation de ses logements et de ceux de sa suite, à exercer constamment une surveillance et une autorité très étendues sur une partie de la nombreuse valetaille du palais, mais encore à remplir à chaque moment auprès de la personne même du roi toutes sortes d'obligations et de devoirs de domesticité, méthodiquement définis et réglés par le plus sévère et le plus fastidieux cérémonial. Rien que pour l'assiduité, les dérangements et les mille soins de détail qu'exigeait cet emploi, « ce n'eût pas été de trop — dit Palomino — d'un homme tout entier. »

Le strict accomplissement de tant et de si tyranniques besognes explique suffisamment pourquoi Velazquez, pendant les huit années — les dernières de sa vie — qu'il exerça cette charge, allait presque exclusivement faire usage, dans l'exécution de ses ouvrages, de cette *manera abreviada*, de cette manière de peindre abréviative, sommaire, toute de premier jet et à fleur de toile, que notre école *impressionniste* invoque comme un exemple et dont elle tente de s'approprier la libre et vive éloquence.

L'entreprise au surplus n'est pas facile. Mais, ne dût-elle aboutir à d'autre résultat que de faire revenir de leur erreur ceux de nos jeunes peintres qui se fourvoient à la poursuite du rendu littéral de certaines valeurs intraduisibles, qu'elle ne serait pas sans profit.

A ces égarés, Velazquez enseignera cette grande nouveauté : que le problème de rendre l'intensité des clartés, valeur pour valeur, est chimérique et absurde; qu'il ne peut être abordé et résolu qu'indirectement

1. Archives du palais. Dossier 79. N° 282. *Maison de Philippe IV.*
Cette curieuse pièce a été publiée par M. Zarco del Valle, dans ses *Documentos ineditos,* p. 202 et suivantes.

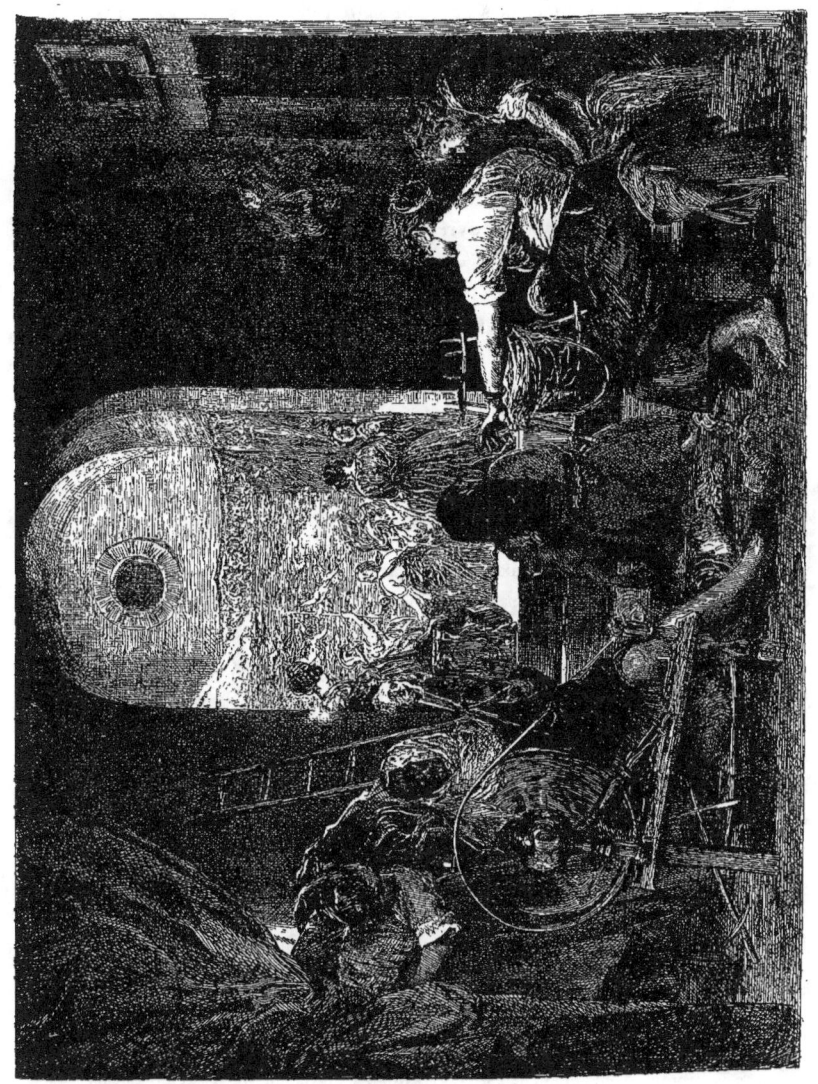

INTÉRIEUR D'UNE FABRIQUE DE TAPIS, A MADRID. « LES FILEUSES ».

(Musée de Madrid.)

par l'emploi des équivalences et à l'aide de cette réflexe et savante opération, instinctivement pratiquée par lui il y aura bientôt deux siècles et demi, qui s'appelle la loi des transpositions.·

Il y aurait encore pour nos peintres bien d'autres découvertes à faire dans les ouvrages du maître qui appartiennent à sa manière la plus *impressionniste*. Il y aurait, entre autres, à trouver en vertu de quelle loi, encore inconnue, Velazquez en est arrivé à faire jouer, à l'air interposé entre le spectateur et son œuvre, un rôle si singulièrement actif et nécessaire.

Regardez une de ces toiles de près ; les plans, les gradations disparaissent, les touches se confondent, les colorations s'effacent ; c'est un chaos ; placez-vous maintenant à la distance voulue par l'artiste, tout se débrouille : l'espace se creuse, les masses se détachent, les reliefs s'accusent ; à présent, chaque touche est à sa place et chaque chose a sa couleur propre, sous sa lumière propre. Tout s'anime alors dans la toile ; on dirait une scène naturelle aperçue au fond de quelque chambre noire.

Cette imitation de la vie n'apparaît nulle part aussi parfaite, aussi prestigieuse que dans le tableau des *Fileuses*, que le catalogue du musée de Madrid désigne sous ce titre un peu long : *La Fabrica de tapices de Santa Isabel de Madrid, cuadro llamado de las Hilanderas* [1].

Les biographes les plus autorisés ne nous disent point en quelle année Velazquez peignit les *Fileuses*. M. de Madrazo lui-même n'a rien trouvé dans les archives du palais qui lui permette de fixer cette date en toute exactitude. Cependant, et cela ne fait pas doute pour lui, cette toile appartient par son exécution à la période de 1652 à 1660. A notre avis, elle dut être achevée avant le tableau des *Menines*, c'est-à-dire antérieurement à 1656.

Nos lecteurs pourront voir, dans la gravure que nous en donnons, comment Velazquez avait disposé son sujet. Les premiers plans, baignés d'une ombre chaude et transparente, montrent un atelier où des

---

1. W. Bürger, dans le catalogue des peintures de Velazquez, ajouté par lui à la traduction de l'ouvrage de M. W. Stirling, fait figurer dans la collection de MM. Pereire une prétendue répétition ou première pensée des *Fileuses* « avec quelques variantes ». Bürger s'est trompé. Cette ébauche est l'œuvre d'un peintre nommé Eugenio Lucas, mort à Madrid il y a quelques années, et qui a produit, d'après Velazquez, Murillo et surtout d'après Goya, d'assez curieux pastiches.

ouvrières travaillent et préparent la laine. Au fond, dans une seconde
salle, communiquant avec la première par une large arcade, des dames,
en visite dans la fabrique, examinent une tapisserie à sujet mythologique,
qu'un coup de soleil illumine. Si le jour est brûlant au dehors, l'atmosphère est étouffante au dedans; aussi les ouvrières, pour être plus à l'aise,
ont-elles quitté une partie de leurs vêtements. Toutes sont occupées à
quelque tâche. Au milieu, une superbe vieille, à tournure de Parque,
tient une quenouille et du pied agite un rouet dont le rapide mouvement
fait disparaître les rais; à gauche, une jeune fille écarte une large courtine
rouge; à droite, une jeune ouvrière, qu'on devine jolie, dévide un éche-
veau sur un trahoir : sa chemise, collée à son dos humide, découvre un
bout d'épaule et laisse voir la nuque mouillée de sueur. Enfin, deux
autres ouvrières cardent ou pelotonnent des laines. C'est là tout, et cette
scène si simple, si familièrement intime, a suffi à Velazquez pour pro-
duire un chef-d'œuvre.

Nous ne connaissons pas de peinture où l'action parfaite, soudaine,
soit plus vivement surprise sur le fait et plus pleinement exprimée. On
sent que l'artiste s'est moins préoccupé de rendre des femmes, isolément
livrées à quelque besogne, qu'un morceau de nature, un ensemble saisi,
copié à un moment déterminé, sous une lumière déterminée.

Il a vu, dans cette scène, un tableau tout entier, avec ses plans, ses
gradations, ses fonds et son enveloppe aérienne. Ici, comme dans la vie
physique, l'atmosphère et les êtres qui s'y meuvent s'agitent d'un même
mouvement, d'un même frémissement. Aussi quelle réalité, et comme
tout se tient dans cette étonnante peinture! Dans ce milieu assourdi, à
demi lumineux, qui fait de tout le premier plan de cette chambre emplie
d'air brûlant une large tache d'ombre, vibrante et poudroyante, où se
jouent et flottent, pareils à des irisations, une infinité de reflets reliés,
confondus par les molécules de l'air interposé, où les choses lumineuses
entre-croisent et mêlent leurs teintes, comme se détachent sans heurt,
fondant harmonieusement leurs tons de chair avec les tons des rouges
étoffes baignées d'ombre, ce bout d'épaule nue, échappé d'une chemise
humide, et cette nuque toute moite de chaleur. En vérité, cela vit,
palpite, et jamais l'art n'a réussi à donner à un tel degré l'illusion de la
réalité.

Quand, dans cette œuvre hors ligne, presque hollandaise par l'intimité du sujet et par l'habile disposition de la lumière, mais si espagnole

par la simplicité de son arrangement et plus encore par le caractère, on veut se rendre compte des moyens employés par l'artiste pour atteindre à cette hauteur d'exécution, on reste stupéfait de leur sobriété.

Ces colorations si vibrantes, ces chairs qui sont de la chair, ces tons d'espace si aériens et si profonds, il les a obtenus à l'aide de quatre ou cinq couleurs : un bleu verdâtre, des rouges variant du rouge brun au rouge cramoisi, un blanc écru et du gris. Et c'est avec cela et avec des écarts de valeur à peine sensibles, que Velazquez a peint son tableau le plus coloré et le plus parfait d'exécution.

En 1656, Velazquez fut chargé par le roi de présider à l'arrangement de quarante et un tableaux envoyés à l'Escurial. La plus grande partie provenait des acquisitions que Philippe IV avait fait opérer à la vente de la galerie de Charles Ier. Les autres arrivaient d'Italie. Après s'être acquitté de cette mission, Velazquez dressa le catalogue des toiles qu'il venait de placer lui-même dans les différentes dépendances du couvent, indiquant l'endroit où était chaque tableau, donnant le nom de chaque auteur et s'étendant, lorsqu'il y avait lieu, sur le mérite de l'œuvre.

Ce catalogue, d'un si curieux intérêt et qui avait été copié par le père F. de Los Santos pour sa description de l'Escurial, fut, par les soins de Juan de Alfaro, élève de Velazquez, imprimé à Rome, en 1658, chez Ludovic Grignano [1].

Velazquez s'est révélé tout entier dans ces notices, avec ses préférences, son goût, son admiration enthousiaste pour les peintres de l'école vénitienne. Nos lecteurs nous sauront gré de leur transcrire ici un court fragment, et non le moins caractéristique, de ce précieux *Mémoire*. A propos du tableau de Tintoret, placé encore aujourd'hui dans la sacristie de l'Escurial et qui représente le *Christ lavant les pieds de ses disciples*, Velazquez s'exprime en ces termes :

« Le spectateur se persuade difficilement que ce soit là une peinture : les tons sont d'une telle force et la perspective d'une telle habileté qu'il semble qu'on puisse y pénétrer et marcher sur ces dalles, faites de pierres

1. Voici le titre de cette précieuse plaquette, dont on ne connaît qu'un exemplaire, relevé sur la réimpression publiée avec introduction, traduction et notes, par M. le baron Ch. Davillier, Paris, chez Aubry, 1874 : *Memoria de las pinturas que la Magestad Catholica del Rey nuestro senor don Philipe IV embia al monasterio de San Laurencio el Real del Escurial, este ano de M. DC. LVI. Descriptas y colocadas por Diego de Sylva Velazquez caballero del orden de Santiago, etc. La ofrece, dedica y consagra à la posteridad D. Juan de Alfaro.*

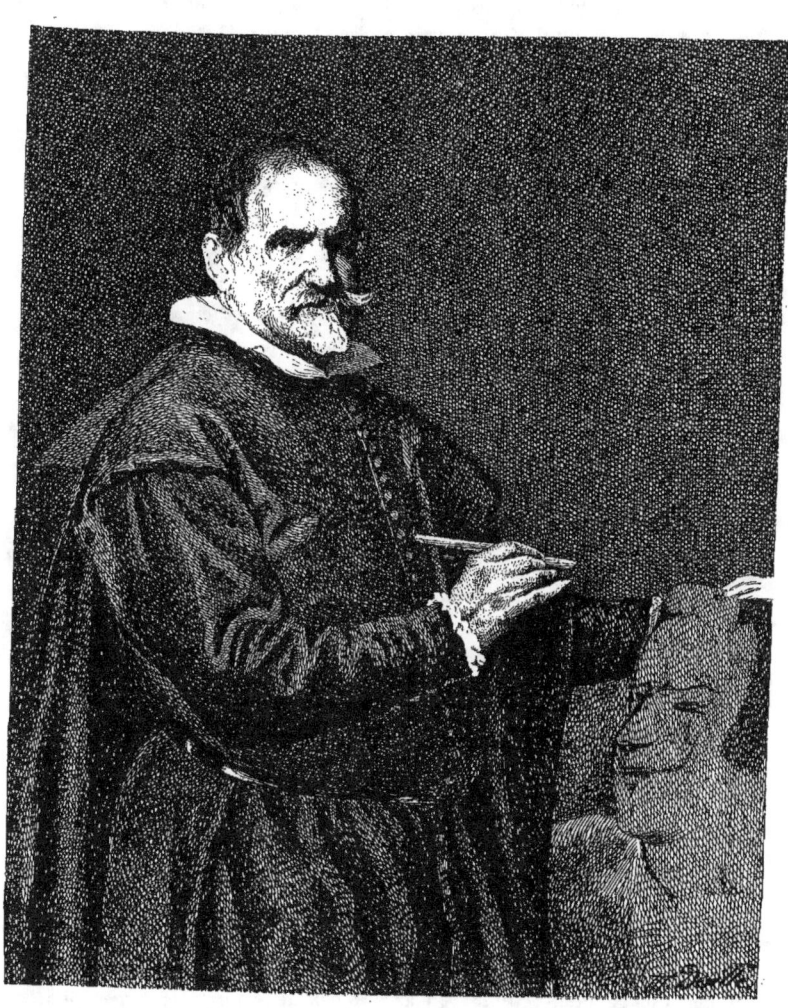

PORTRAIT D'UN SCULPTEUR (MARTINEZ MONTANES?).

(Musée de Madrid.)

de différentes couleurs, qui, en fuyant, augmentent l'étendue de la pièce ; on croirait aussi qu'il y a de l'air ambiant entre les figures, qui sont toutes dans des attitudes pleines de vie, en rapport avec leur rôle. La table, les sièges et un chien étendu à terre sont la vérité même plutôt qu'une peinture. La facilité et l'adresse qui brillent dans cet ouvrage étonneront le peintre le plus exercé et le plus habile, et, pour le dire en un mot, toute peinture qu'on mettra à côté de cette toile restera simplement une peinture, tandis que celle-ci n'en paraîtra que plus vraie. »

Il n'échappera à personne que les éloges exprimés ici par Velazquez sur l'œuvre de Tintoret, du *grand* Tintoret, comme il se plaît à le nommer, s'adressent surtout aux détails pittoresques et réalistes de la composition et, de préférence, à la parfaite vérité de l'exécution. Mais ces éloges d'ailleurs si justifiés, combien mieux on serait fondé à les appliquer, et justement dans les mêmes termes, aux propres créations de Velazquez !

Veut-on se convaincre qu'à côté de ses toiles, « toute peinture, si sincère qu'elle soit, reste une peinture, tandis que la sienne n'en paraît que plus vivante et plus vraie ? » Transportons-nous au musée de Madrid, dans le *salon ovalado*, la salle d'Isabelle, devant ce portrait de sculpteur que l'on a cru longtemps — et à tort — être le portrait d'Alonso Cano et qui pourrait bien être celui de Martinez Montañes, le grand sculpteur andalous, le maître d'Alonso Cano. Nous dirons tout à l'heure sur quoi se base cette présomption.

L'artiste est représenté debout, plus qu'à mi-corps, tourné de trois quarts à gauche, la main droite tenant l'ébauchoir, tandis que la gauche est posée sur un buste à peine indiqué. La tête est celle d'un homme de soixante ans, tête osseuse, fortement charpentée, bien espagnole ; ses prunelles plantées droit devant lui fouillent l'espace ; le front dégarni est haut ; les cheveux sont gris, grises aussi les rudes moustaches et la barbiche ; en somme, l'expression de la physionomie indique la volonté, l'énergie, mêlées de quelque dureté. Il est vêtu d'un pourpoint noir, serré à la taille par une ceinture de cuir ; sa cape de soie noire, retenue sur l'épaule gauche, retombe en arrière en deux ou trois larges plis. Pour fond, des frottis de tons neutres, jetés comme à l'aventure ; c'est là-dessus que s'enlève cette figure avec un éclat, un relief, une intensité qui équivalent la réalité même : l'homme tout entier surgit hors de son cadre.

Brossée à la diable dans ses parties accessoires, empâtée seulement par places, sur la main qui tient l'ébauchoir et sur les plans du visage frappés plus vivement par la lumière, cette toile, à peine couverte par endroits et où vous ne verrez que du blanc qui n'est pas blanc, du noir qui n'est pas noir, et des gris, défie toute comparaison.

Elle se trouve cependant entourée de chefs-d'œuvre : cette salle en est remplie. Il y a là des portraits des plus grands maîtres, et quels portraits! C'est le *Comte de Bristol*, de Van Dyck, le *Thomas Morus* de Rubens, et puis des Antonio Moro, des Holbein, des Dürer, et précisément tout à côté, un admirable portrait d'homme du Tintoret. Eh bien! ces redoutables voisins, cette toile les fait paraître des fictions, des images conventionnelles et mortes : Van Dyck est fade, Rubens huileux, Tintoret jaune; seul, Velazquez nous donne, dans toute sa plénitude, l'illusion de la vie.

A propos de l'identification de ce portrait, nous avons dit que ce pourrait être celui de Martinez Montañes. On nous a communiqué, en effet, la photographie d'un portrait authentique de Montañes peint par Francisco Varela, mais où le vaillant sculpteur ne paraît guère avoir plus de trente ans. Or, dans le portrait de Velazquez, il en compterait soixante au moins : de là nos réserves, malgré les analogies de construction et les ressemblances assez étroites que nous croyons saisir entre les traits des deux effigies.

En tout cas, notre hypothèse reste plausible. Elle prend quelque chose d'admissible de ce fait que Velazquez, qui avait pour le talent de Montañes une profonde admiration, le fit venir à Madrid, vers 1636, pour y exécuter le modèle en relief de la statue équestre de Philippe IV, modèle qui fut envoyé à Florence. Peut-être Pacheco mit-il cette circonstance à profit pour demander à son gendre de reproduire les traits d'un de ses plus illustres amis?

CHAPITRE X

Nous ne savons pas exactement en quelle année Velazquez peignit le *Couronnement de la Vierge*, un des joyaux du musée du Prado et, à notre avis, l'une des plus intéressantes tentatives du maître comme peinture religieuse. Mais, à son exécution à la fois si fière, si sommaire et si large, il est facile de reconnaître que ce tableau, destiné expressément par l'artiste à décorer l'oratoire de la Reine, — sans doute Marianne d'Autriche, — appartient incontestablement à la période de production qui suit de très près le second voyage d'Italie.

Parmi ses compositions du même ordre, aucune, croyons-nous, ne montre aussi bien comment Velazquez, tout en ne s'écartant pas de la réalité, tout en l'imitant même scrupuleusement, — car ses représentations de personnages divins ne sont ici que des portraits de modèles, — peut, sans atteindre jamais jusqu'à l'expression spiritualiste ou mystique, y suppléer cependant par la haute tenue, par le caractère, par le sentiment de dignité qu'il imprime à ses figures. D'idéal préconçu, cherché, appris, certes on n'en trouverait pas trace dans le *Couronnement de la Vierge*, et, pourtant, cette œuvre s'impose; elle parle même de très haut et dans cette langue communicative, pénétrante, faite d'on ne sait quoi de clair, de sincère et de simple qui n'est autre chose que la naturelle éloquence du vrai.

Assise sur les nuées, entourée et servie par des anges et des chérubins cravatés d'ailes, Marie, dont les traits sont d'une grande noblesse, les yeux chastement baissés, reçoit avec l'expression d'une humilité profonde la couronne de fleurs que le Père et le Fils posent sur sa tête. En haut, dans un rayonnement de lumière, plane la colombe symbolique.

L'artiste a donné à ses personnages les proportions du naturel. Soit qu'il ait obéi à quelque disposition particulière d'éclairement, soit qu'il lui ait fallu mettre la tonalité générale de son tableau en harmonie avec

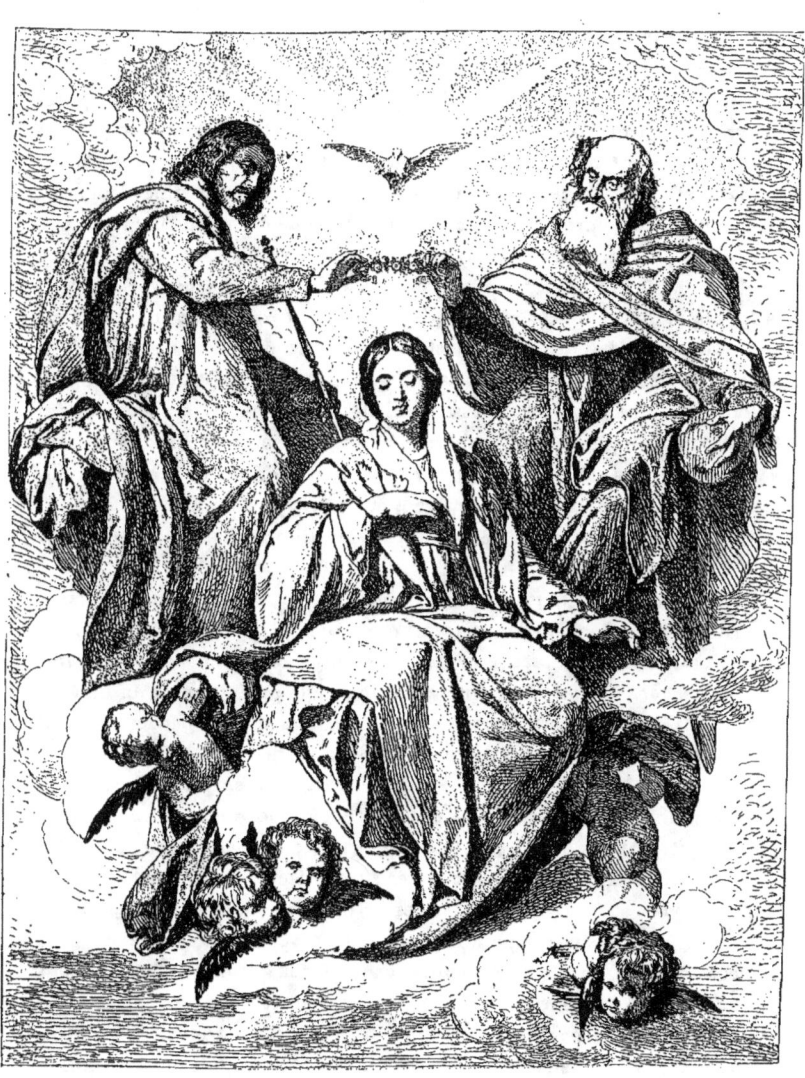

LE COURONNEMENT DE LA VIERGE.

(Musée de Madrid.)

la décoration de l'oratoire royal, ou soit encore — et c'est peut-être l'hypothèse la plus plausible — qu'il ait voulu atténuer et, en quelque sorte, racheter par la convenance et la gravité de la couleur ce que ses figures avaient de trop particularisé, de trop individuel, Velazquez a traité le *Couronnement de la Vierge* dans un parti pris de coloration singulièrement original et rare, où éclate tout son merveilleux instinct, toute sa virtuosité de coloriste. Il n'a ici fait usage que de deux couleurs : le rouge et le bleu ; mais avec quel art consommé il les unit ou les oppose, avec quelle habileté il les nuance et les dégrade en violets, tantôt profonds et foncés, tantôt délicieusement pâlis ou finement rosés, dans des relations de valeurs de la plus exquise justesse ! Des gris argentins, des gris admirables de finesse et d'éclat, éclairent, apaisent, rompent ou enveloppent toute cette harmonieuse masse, couleur de violette et de pensée, dont l'effet sur la vision est d'un charme étrange. A son tour, la composition elle-même s'en imprègne d'on ne sait quel sentiment de distinction, de noblesse et de sérénité superbe, qui sauve absolument ce que les personnages divins ont dans leurs traits de trop humain, de trop réel et de vivant.

Pour apprécier toute la merveilleuse souplesse du talent de Velazquez, nous n'avons qu'à nous transporter, dans le même musée du Prado, devant une autre de ses compositions religieuses : *la Visite de saint Antoine abbé à saint Paul ermite*. Le maître la peignit en 1659, un an à peu près avant sa mort, pour l'autel d'un ermitage élevé par les soins du marquis d'Heliche dans les jardins du Buen-Retiro.

A la manière des primitifs, Velazquez a disposé sur les divers plans de son tableau les épisodes les plus marquants de la rencontre des deux anachorètes, tels qu'on les trouve rapportés dans la *Légende dorée*. Au loin, on voit saint Antoine aux prises avec le Démon, qui, sous la forme d'un satyre, s'efforce de l'effrayer et de lui faire rebrousser chemin ; à droite, le voyageur frappe à la porte de la caverne que saint Paul s'est creusée dans le roc ; sur le premier plan, les deux ermites réunis prient avec ferveur et remercient Dieu. Comme autrefois au prophète Élie, Dieu ne vient-il pas de pourvoir à leur nourriture en leur envoyant un corbeau portant deux pains dans son bec ! Enfin, à gauche, Antoine donne la sépulture à saint Paul : deux lions lui viennent miraculeusement en aide et de leurs ongles creusent eux-mêmes la fosse.

Traités d'un pinceau attentif, délicat, spirituel même, et dans de

petites proportions, ces épisodes ont pour cadre un site de la plus saisissante beauté. N'était un palmier, placé sans doute là par le peintre
uniquement pour se conformer au récit des légendaires, on serait tenté
de reconnaître dans cette nature âpre et grandiose, aussi romantique
mais plus vraie qu'un paysage de Salvator Rosa, dans ces rochers taillés
à pic enserrant une étroite et fraîche vallée où court un clair ruisseau,
quelqu'une de ces gorges sinueuses qui s'ouvrent brusquement et se
déroulent en lointaines échappées aux pentes tourmentées du Guadarrama.

C'est sur ce fond de paysage montagneux, si bien observé dans son
ensemble comme dans ses détails et tout empli de fraîcheur, d'air et de
lumière, que Velazquez a peint ses figures ; elles s'y meuvent et s'en détachent avec une grande force de relief. Une curieuse esquisse de cette
composition a fait partie de l'ancienne galerie espagnole au musée du
Louvre.

Entre l'époque de son retour à Madrid et la date extrême où nous
sommes arrivé, s'échelonnent de remarquables et nombreux portraits du
roi, de la nouvelle reine Marianne d'Autriche, des infantes Marie-Thérèse et Marguerite-Marie et de l'infant don Philippe-Prosper ; ces portraits, on les retrouve aujourd'hui disséminés un peu partout, dans les
musées de Madrid, de Vienne, de Paris, ainsi que dans diverses autres
galeries de l'Europe.

Tous ceux que Velazquez a peints pendant cette période sont d'une
exécution bien caractéristique. L'artiste y apporte une hardiesse, une
liberté absolument dédaigneuses de l'accessoire et du détail inutile. Mais
malgré tant de laisser-aller et d'apparente négligence, l'effet est toujours
obtenu, et précisément tel que le peintre l'a cherché et voulu : les têtes,
les mains de ses personnages nous semblent alors d'autant plus parf-
faites et vivantes que le reste du portrait est demeuré, à dessein, atténué,
incertain. Velazquez a toujours raison dans ses sacrifices.

En tant donc qu'*impressionnisme*, puisque c'est ainsi qu'on désigne
aujourd'hui cette manière de peindre, toute de sensibilité et de premier
jet, abréviative, un peu subtile et abstraite, où Velazquez trouve moyen
de dire beaucoup sans jamais laisser voir l'effort, qui paraît lâchée tant
il semble que l'artiste y apporte de laisser-aller et qui n'est, au demeurant, que le résultat prémédité, certain, d'une expérience consommée,
d'une virtuosité souverainé, absolument sûre d'elle-même et de ses

moyens d'expression, nous croyons bien qu'il en a fixé, et plus particulièrement dans les ouvrages dont nous parlons, les formules les plus
complètes en même temps que les plus parfaits modèles.

En un temps comme le nôtre, où les préoccupations de métier ont
pris, dans l'art, tant de place au grand détriment des recherches et des
opérations de l'esprit, il ne paraîtra peut-être pas inutile de remarquer
que, même dans ses improvisations les plus hâtives, Velazquez ne se
borne pas seulement à se montrer un beau peintre, un praticien incomparable, mais encore qu'il ne croit pas avoir tout dit parce qu'il aura
obtenu l'illusion parfaite dans le rendu de la forme, dans l'expression de
la vie. Il veut plus et davantage. Doué de cette puissance de pénétration
qui lui permet d'amener à l'extérieur l'âme de ses modèles, il peint
l'être intime et nous livre, avec leurs traits physionomiques et leurs habitudes de corps, toute leur ressemblance morale. Et c'est pourquoi ses
portraits sont comme autant de pages d'histoire, d'histoire vivante et
parlante. Ne racontent-ils pas, mieux que les chroniques, l'état d'abâtar-
dissement où est déjà tombée la race de Charles-Quint et ne font-ils pas
pressentir la disparition prochaine de sa dynastie épuisée !

Le cérémonial, à la cour d'Espagne, attachait étroitement le roi à la
reine. D'un bout de l'année à l'autre, le couple royal, obéissant à des
prescriptions inflexibles, accomplissait en commun et avec une régularité presque machinale toutes sortes d'actes extérieurs de représentation
ou d'étiquette. Ce parallélisme des deux royales existences se poursuit
jusque dans l'atelier de Velazquez.

A chaque portrait du roi, il semble que le peintre doive nécessairement donner pour pendant un portrait de la reine. Le musée de Madrid
nous les montre fréquemment ainsi, posant dans une même et semblable
attitude. Si le roi se fait peindre agenouillé sur un prie-Dieu, dans un
oratoire tendu de riches étoffes de brocart, comme dans le tableau catalogué sous le n° 1081, nous trouvons aussitôt, sous le n° 1082, le portrait
de Marianne d'Autriche, agenouillée et priant sur un même prie-Dieu,
dans le même oratoire décoré des mêmes riches tentures. Au Philippe IV,
debout, en costume d'apparat du tableau numéroté 1077, Velazquez
associe le portrait inscrit sous le n° 1078, où il représente la reine, debout,
en costume de gala, la tête couverte d'un véritable échafaudage de rubans,
de pampilles et de plumes mouchetées de couleurs, les joues couvertes
d'une prodigieuse quantité de rouge, aussi raide dans son corsage que

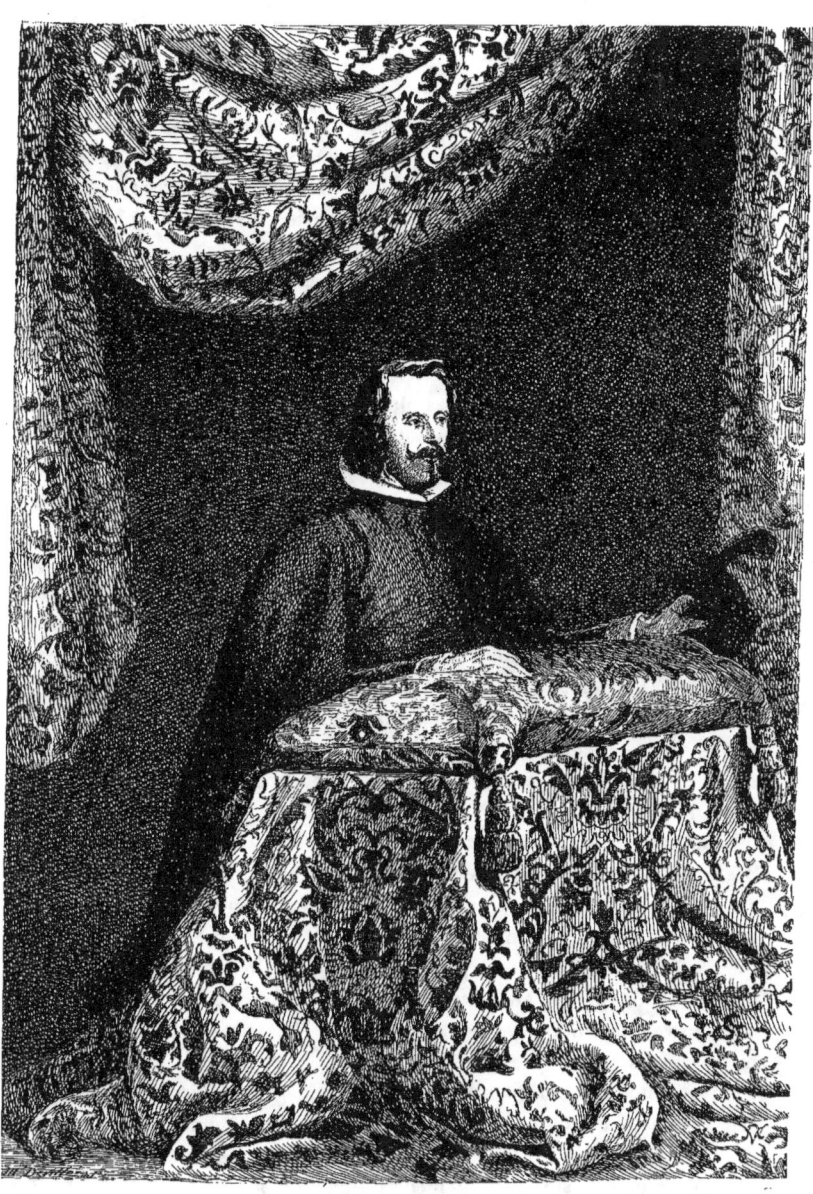

PORTRAIT DE PHILIPPE IV, EN PRIÈRES.
(Musée de Madrid.)

l'est le roi lui-même dans sa demi-armure, et portant cé monstrueux *guard'infant*, ce vertugadin d'une ampleur si démesurée qui donne à sa jupe l'apparence d'une cloche.

Enfin, dans le tableau des *Meninas*, nous retrouvons encore le roi et la reine, ou du moins leurs effigies, réunies cette fois sur une même toile que reflète une glace placée au fond de la pièce.

C'est même grâce à cet ingénieux artifice que Philippe et Marianne d'Autriche paraissent être les spectateurs réels de la scène intime et familière dont l'artiste a su faire un de ses plus étonnants chefs-d'œuvre.

Le sujet des *Meninas* n'est pas plus compliqué que celui des *Fileuses*. Velazquez a simplement composé son tableau à l'aide des éléments qu'il avait chaque jour devant les yeux. Ses personnages sont ceux qui, à un moment donné, se rencontraient dans son atelier, sans s'excepter lui-même, et, pour plus de vérité, il les a groupés autour de lui dans cette partie de l'ancien Alcazar où il travaillait d'ordinaire.

Debout, devant son chevalet, Velazquez est en train de peindre le couple royal. Il occupe la gauche de la composition et se trouve placé un peu en arrière vers le second plan, le bas du corps en partie masqué par l'une des *Meninas* et par son chevalet. Il est vêtu d'un pourpoint noir, sur lequel se détache, brodée en rouge, la croix des chevaliers de Santiago. De sa main gauche il tient la palette, l'appui-main, une poignée de pinceaux et, de la droite, une de ces longues brosses dont il fait habituellement usage.

Au milieu de l'atelier, entourée de ses deux filles d'honneur, ses *Meninas,* dont l'une, doña Maria-Agustina Sarmiento, à genoux, lui offre à boire dans une tasse de *bucaro,* parade, un peu raide et guindée dans son vertugadin de satin blanc, la petite infante Marie-Marguerite, la même dont nous avons le portrait au Louvre, peint, du reste, à la même époque que les *Meninas* et dans la même libre manière.

L'autre fille d'honneur, doña Isabelle de Velasco, s'inclinant légèrement vers la petite infante, semble lui adresser quelques mots. A l'extrême droite, le nain favori de la reine, le gentil Nicolasito Pertusato, lutine un gros chien paresseusement allongé presque aux pieds de l'affreuse naine, Mari Barbola, dont les épaisses proportions et l'invraisemblable laideur participent du phénomène.

Derrière ce groupe, doña Marcela de Ulloa, duègne d'honneur de

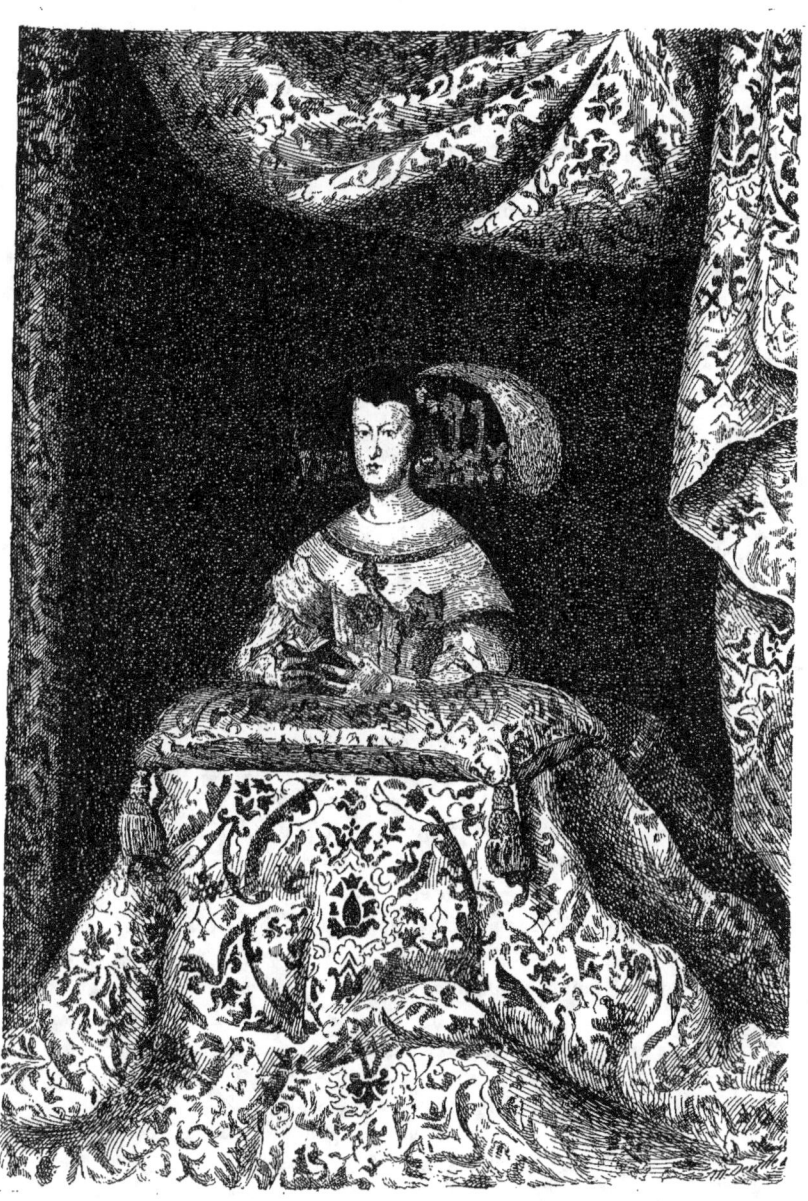

PORTRAIT DE MARIANNE D'AUTRICHE, FEMME DE PHILIPPE IV, EN PRIÈRES.

(Musée de Madrid.)

l'infante, reconnaissable à son costume de veuve, s'entretient avec un écuyer, un *guardadamas;* tout au fond, une porte ouverte sur un escalier conduisant à une galerie extérieure laisse apercevoir dans une vive lumière Jose Nieto, *aposentador* de la reine. Toutes ces figures, traitées dans les proportions du naturel, sont autant de portraits.

Depuis Luca Giordano qui, mis en face des *Meninas,* s'écriait que c'était là « la théologie de la peinture », jusqu'à Théophile Gautier qui, saisi par la vérité de la scène, se demande : « Où donc est le tableau ? » jusqu'à Paul de Saint-Victor, qui y compte au moins « trois atmosphères » nettement perceptibles d'air ambiant, tout a été dit, tout a été épuisé en fait d'éloges sur la magie, sur l'illusion que cette toile étonnante produit sur le spectateur. Elle est bien, en effet, le dernier mot de la peinture réaliste et textuelle.

Nulle part, Velazquez ne s'est montré plus sobre dans ses colorations que dans les *Meninas;* mais combien cette coloration est harmonieuse et habile dans sa discrétion ! Des gris rompus sur des noirs légers donnent la tonalité générale et forment l'enveloppe, l'ambiant, rendu si aérien, si frémissant qu'il semble tangible. Sur ce ton d'espace, fait d'ombre transparente et de lumière atténuée, se détachent doucement les verts assombris des costumes des filles d'honneur, les bleus verdâtres de la robe de la naine, le rouge éteint de la casaque aux manches violettes du petit nain, et, çà et là, la note rouge-rosée d'un nœud de ruban ou d'une bouffette. Rien dans ces teintes ne détonne ; toutes, au contraire, sont en leur place et conservent exactement aux choses l'apparence et la valeur qu'elles auraient dans la réalité. Savamment contrastées et graduées, elles ménagent l'effet et conduisent l'œil droit au centre du tableau, vers cette mignonne et blonde petite infante qui en demeure bien ainsi le personnage principal, le foyer lumineux, la note claire et rayonnante.

Velazquez a peint les *Meninas* en 1656. Il en avait fait une esquisse que Cean Bermudez signale dans son *Diccionario* comme appartenant au célèbre ministre de Charles IV, don Gaspar de Jovellanos [1].

1. Jovellanos, qui fut l'ami de Goya et de Cean Bermudez, avait formé une remarquable collection de dessins parmi lesquels figuraient des études et des croquis de Velazquez. A sa mort, Jovellanos légua sa collection à l'*Instituto* de Gijon, sa ville natale; mais l'esquisse des *Meninas* ne fit point partie de ce legs; elle est peut-être encore la propriété des héritiers de Jovellanos.

En 1734, le tableau des *Meninas* faillit avoir le même sort que l'*Expulsion des Morisques*, lors du terrible incendie qui dévora l'ancien

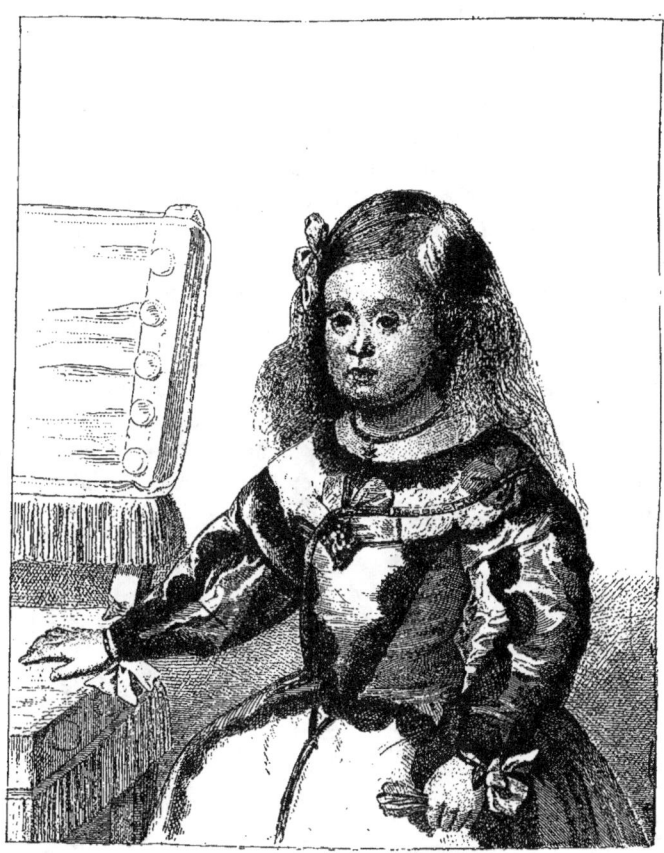

L'INFANTE MARGUERITE.
(Musée du Louvre.)

Alcazar. Il n'en sortit pas, cependant, tout à fait intact, car un document conservé aux archives du palais de Madrid constate qu'il fallut le faire restaurer par Juan de Miranda, peintre de Philippe V. Où s'arrêta cette

restauration ? Dans quelles conditions fut-elle opérée ? Nous l'ignorons.
Mais elle explique pourquoi la toile s'est assombrie dans quelques parties, notamment dans les fonds, et, encore, pourquoi les sujets des
tableaux qui garnissent les murs de l'atelier ne peuvent que difficilement
s'apercevoir aujourd'hui.

Il existe, à propos de l'insigne de chevalier de Saint-Jacques que l'artiste porte sur son pourpoint, une légende répétée à l'envi par tous les
biographes. Ils racontent que quand Velazquez eut achevé les *Meninas*,
Philippe IV lui aurait fait observer qu'il y manquait encore quelque
chose ; saisissant un pinceau, le roi aurait aussitôt tracé lui-même sur la
poitrine du peintre cette croix rouge, en forme de glaive, qu'on y voit
aujourd'hui. Ce récit n'est point exact. Trois années s'écoulèrent entre le
moment où Velazquez terminait son tableau et la date de son admission
dans l'ordre. Si tant est donc que le roi fit peindre cette croix de Santiago, ce ne dut être qu'après la mort de l'artiste.

Au surplus, pour nous en convaincre, nous n'avons qu'à parcourir
les enquêtes, *las Informaciones*, qui furent ouvertes avant la réception
définitive de Velasquez dans l'ordre : nous y relèverons, en passant,
quelques particularités intéressantes et peu connues, relatives à la
famille du maître et à son existence intime.

CHAPITRE XI

Les archives de l'*Ordre et chevalerie de Santiago* achevaient de pourrir au château d'Uclès, lorsque, il y a quelques années, un administrateur plus intelligent et plus zélé que ses prédécesseurs conçut l'ingénieuse idée de sauver d'une entière destruction ce qui restait encore de ces précieux documents.

En 1874, ces archives furent transportées à Madrid, où, depuis lors, elles font partie de l'*Archivo historico nacional*. C'est grâce à cette translation que nous devons d'avoir pu, un des premiers, consulter les nombreuses et intéressantes pièces qui composent le dossier des *Informaciones* renfermant les *Preuves de noblesse* de Don Diego de Silva Velazquez [1].

Deux de ces pièces s'imposent tout de suite à notre attention. L'une est précisément la *Real orden* par laquelle Philippe IV, prenant en considération la demande que lui a adressée Velazquez « d'être reçu dans l'ordre et d'y vivre dans son observance, règle et discipline, à cause de la dévotion qu'il a au bienheureux apôtre Monseigneur saint Jacques », ordonne qu'une enquête préalable à l'octroi de l'habit soit immédiatement ouverte, aux fins d'établir si, comme l'impétrant l'affirme, et comme l'exigent les statuts de l'ordre, il est *hidalgo* (hijo d'algo) tant du côté paternel que du côté maternel, et ce, selon la coutume et le *fuero* d'Espagne. Or cette royale missive, adressée au marquis de Tabara, gentilhomme de la chambre, conseiller du roi en son conseil de guerre et gouverneur de ses ordres, et qui contient diverses prescriptions relatives soit au choix des deux commissaires enquêteurs, soit aux formes

1. Les documents de l'enquête relative à l'admission de Velazquez dans l'ordre de Santiago ont été publiés, pour la plus grande partie, par M. Cruzada Villaamil dans le tome II de la *Revista Europea*, année 1874.

juridiques à suivre dans la conduite de l'enquête, porte la date du 17 de novembre de l'année 1658.

La seconde pièce nous indique à quel résultat aboutit cette enquête. Sur la couverture même du dossier, à la suite du nom des cinq juges, membres de l'ordre, qui furent chargés de décider sur les mérites, titres et qualité du candidat, nous lisons la mention suivante : « Le bref de Sa Sainteté arriva le 29 juillet 1659, et, le même jour, avis de son admission dans l'ordre fut adressé à Velazquez. »

Rien que par le rapprochement de leurs dates, ces deux documents prouvent de reste combien nous étions fondé à révoquer en doute le légendaire récit qui fait peindre à Philippe IV, dès 1656, la croix rouge de Santiago sur le pourpoint de l'artiste terminant le tableau des *Meninas*.

Revenons maintenant aux autres pièces de l'*Enquête* qui, presque toutes, relatent certaines particularités ou quelques renseignements précieux à recueillir touchant la vie publique ou privée du grand artiste.

En conformité de l'ordre royal, deux commissaires enquêteurs avaient été désignés par le marquis de Tabara pour s'assurer des mérites et qualité de Velazquez. Ils avaient mandat, en vertu des statuts de l'ordre, de se transporter partout où besoin serait pour l'accomplissement de leur mission; ils avaient, enfin, pouvoir de requérir et d'entendre, sous la foi du serment, tous les témoins qu'ils jugeaient utile de faire comparaître[1]. Un itinéraire leur était tracé qui devait leur permettre de vérifier sur les lieux mêmes d'origine la généalogie du candidat. Si le père et la mère de l'artiste étaient natifs de Séville, ainsi que Juan Velazquez et doña Catalina de Cayas, ses grand'père et grand'mère du côté maternel, il n'en était pas de même de ses aïeux paternels, Diego Rodriguez de Silva et doña Maria Rodriguez, qui, eux, étaient originaires d'Oporto, au royaume du Portugal.

1. Un formulaire imprimé des questions que les commissaires enquêteurs devaient adresser aux comparants est joint au dossier; ces questions s'étendent principalement sur les points suivants : condition du candidat, son état, son âge, son lieu de naissance, sa légitimité; quels sont ses ascendants paternels et maternels, leur légitimité ou leur bâtardise; les alliances de la famille, les cas de mésalliance, avec des juifs, Maures ou convertis; la réputation des ascendants, s'ils sont considérés comme *cristianos viejos* et comme *hijos d'algo,* et depuis quelle époque; les recherches et poursuites dont le candidat ou ses ascendants ont pu être l'objet de la part du Saint-Office ou des tribunaux ordinaires, pour cause de religion, de trahison, de mauvaises mœurs, etc.; enfin, si le candidat sait et peut monter à cheval, et s'il en possède un.

Rompues depuis 1640, après le soulèvement du duc de Bragance, les
relations officielles entre le Portugal et l'Espagne n'étaient point encore
rétablies au moment où les commissaires ouvrirent leur enquête. Ils ne
firent donc que s'approcher le plus près possible de la frontière, s'arrê-
tant successivement à Monterey, Verin, Pazos, Tuy, Vigo et, après avoir
recueilli dans ces localités soixante-quinze témoignages plus particulièrement relatifs aux ascendants portugais de Velazquez et à la constatation
de leur *hidalguia*, ils revinrent à Madrid où de nombreux témoins,
appartenant à ce qu'il y avait de plus illustre dans l'aristocratie, à la cour
et dans les arts, tinrent à honneur de venir déposer dans le sens des pré-
tentions de Velazquez.

Quelques-unes de ces déclarations sont à retenir; il en est ainsi de
celle de don Geronimo de Atrude, comte de Castaneira, marquis de
Colarès et alcade du château de Guimaraëns. Interrogé sur ce qu'il sait
des ascendants du candidat, ce témoin dépose qu'il est à sa connaissance
que les aïeux paternels de Velazquez étaient natifs d'Oporto; qu'on les
réputait nobles, vieux chrétiens (*cristianos viejos*), et issus d'une famille
pure de tout mélange de sang juif, maure ou de nouveau converti; qu'il
existe encore à Oporto divers membres de la famille de Silva, de lui
connus, entre autres : Mathias de Silva, chanoine prébendé de la Sainte
Église de Braga, Francisco Pereira de Silva, personne des mieux quali-
fiées, Pedro de Silva de Païva, familier du Saint-Office, et Pedro de Silva
de Sampayo, inquisiteur de Lisbonne; qu'en ce qui touche à la condition
de l'impétrant et à celle de ses ascendants, il affirme qu'ils n'ont jamais
exercé aucun métier « vil ou mécanique », ajoutant qu'en aucun temps,
nul d'entre eux n'a jamais été recherché, poursuivi ou condamné par le
Saint-Office; qu'il a toujours vu Velazquez vivant luxueusement, tant à
l'aide de sa fortune personnelle que grâce à ses charges d'*ayuda de
camara* et d'*aposentador mayor*, et qu'au reste, il sait que même avant
d'obtenir ces emplois, Velazquez avait à lui des esclaves, entretenait de
nombreux serviteurs et soutenait sa maison avec éclat.

Ainsi, encore, de la déposition de don Felix Machado de Silva y
Castro, seigneur des maisons de Castro, Vasconcellos et Sierra d'entre
Home et Cava, marquis de Montevelo, commandeur de San Juan dans
l'ordre du Christ, au royaume de Portugal; ce témoin dit n'avoir pas
connu personnellement le grand'père et la grand'mère du candidat, mais
comme ses biens ne sont guère distants d'Oporto de plus de huit à neuf

lieues, il n'ignore rien de ce qui concerne les principales familles de cette ville et particulièrement celle des Silva, à laquelle un de ses frères s'est allié; il énonce qu'une branche de cette famille, les Silva y Souza, seigneurs de la *quinta* de Silva, située à trois lieues du monastère de Timuanes, siège et tête de l'ordre des bénédictins en Portugal, a précisément réédifié ce couvent de ses deniers.

A ces renseignements relatifs aux ancêtres de l'artiste, l'évêque de Leira, don Geronimo Mascarenas, conseiller d'État et membre du conseil suprême du Portugal, *sumiller de cortina* de Sa Majesté, et chevalier de l'ordre de Calatrava, vient en ajouter quelques autres recueillis par lui lors de ses divers voyages à Oporto, et qui établissent que plusieurs membres de la famille de Silva ont exercé des charges ou fait partie de certaines confréries uniquement accessibles aux personnes de condition noble.

Mais c'est assez nous étendre sur ce point de l'enquête, nous avons hâte d'en arriver aux dépositions des témoins et des artistes qui vivaient le plus avant dans l'intimité de Velazquez.

L'ordre de Santiago n'admettait point dans son sein quiconque avait été, de sa personne, ou avait eu un de ses ascendants, « marchand ou changeur », ou quiconque encore avait exercé quelque profession « vile ou mécanique »[1].

Or Velazquez était peintre; même il portait le titre de « peintre du Roi » : son cas n'était pas niable. Manier le pinceau, c'était, aux yeux de certains casuistes de l'ordre, être quelque chose comme un artisan. Au surplus, il n'en avait pas fallu davantage pour que le conseil d'État écartât, en 1630, le nom de Rubens de la liste des personnes proposées par lui au choix de Philippe IV, pour aller occuper à Londres le poste de ministre résident[2].

1. Le formulaire des questions que les commissaires de l'ordre adressaient aux comparants contient textuellement la demande suivante : « 6. — Iten, si saben que el dicho de Silva Velazquez, su padre, y abuelos paterno y materno han sido, ò son mercaderes, ò cambiadores, o ayan tenido algun oficio vil, ò mecanico, y que oficio, y de que suerte ò calidad, y digan y declaren particularmente y con toda distincion lo que cerca desto saben ò han oido decir. »

2. Le comte d'Oñate propose (pour résident à Londres) Juan de Nicolalde et Juan Bautista Naumale, ajoutant qu' « il regarderait également comme très à propos le choix de la personne de Pierre-Paul Rubens, surtout pour la correspondance, et à cause des relations intimes que Rubens a dans cette cour; mais qu'il est difficile, à son avis, que le roi nomme son ministre un homme exerçant un métier, puisque, en fin de compte,

Ne sait-on pas, d'ailleurs, que les peintres ne cessaient d'avoir alors
avec le fisc de constants démêlés, parce que celui-ci taxait leurs ouvrages,
les traitant comme une marchandise quelconque sujette à la gabelle
(*alcabala*)? Sur ce point donc, l'affaire des *preuves* présentait un sem-
blant de difficulté que chacun des comparants par devant les commissaires enquêteurs s'applique à tourner. Les uns après les autres, tous
ont soin d'affirmer que si Velazquez peint, c'est seulement par ordre du
roi et uniquement pour contribuer à l'embellissement et à la décoration
du palais; qu'il n'a jamais vendu ou fait vendre de sa peinture et qu'il
est, enfin, à leur connaissance qu'il ne possède et n'a ouvert à aucun
moment de sa vie ni atelier, ni boutique, ni étalage de vente.

C'est dans ce sens que dépose don Geronimo Muñoz, lequel était un
grand personnage et, avec cela, un collectionneur de haut goût, un peu
initié lui-même, tout grand seigneur qu'il fût, à l'art de peindre. Telles
sont bien aussi, en leur substance, les déclarations que viennent faire
Alonso Cano, Juan Carreño, Francisco Zurbaran, Francisco de Burgos
Mantilla, Angelo Nardi, Sebastian de Herrera, Pedro de la Torre, Juan
de Villegas Gallego, peintres, sculpteurs, architectes qui étaient ou les
élèves ou les émules, ou les collaborateurs du maître dans les grands
travaux du palais.

A l'appui de son témoignage, Carreño cite ce fait que Velazquez
ayant été appelé à peindre le portrait du cardinal Borja, alors archevêque
de Tolède, il refusa d'en recevoir aucun prix, et que le cardinal ne put
lui faire accepter, comme récompense, qu'un présent composé de bijoux
d'argent et d'un *peinador*.

C'est sur ce même point que s'étend encore le plus complaisamment
la déclaration de don Gaspar de Fuensalida, le même qui nous a déjà
fait savoir en quelle haute estime Rubens tenait le talent de Velazquez.

« J'atteste, dit le bon greffier du Roi, que Velazquez n'a peint que ce
que Sa Majesté lui a ordonné elle-même d'exécuter, soit pour ses palais,
soit pour être adressé en présent à des princes étrangers. »

D'après don Gaspar, le roi aurait envoyé l'artiste à trois reprises
différentes en Italie, et, à l'occasion de ces missions, le témoin rappelle

Rubens travaille de ses mains et commerce de ce qu'il produit ». (Copie d'une délibération du conseil d'État, à la date du 21 décembre 1630, relative à la désignation d'un
ambassadeur et d'un résident d'Angleterre, publiée par M. Cruzada Villaamil : *Rubens
diplomatico espanol.* Madrid).

de quel accueil affectueux Velazquez fut l'objet de la part des papes
Urbain VIII et Innocent X, et comment, enfin, on le regardait partout
comme « le plus parfait modèle de la peinture ».

A don Gaspar succède le marquis de Malpica, ce surintendant des
palais qui, en une occasion dont nous avons parlé, avait eu avec l'artiste
quelques démêlés. L'orgueilleux personnage affirme hautement que
Velazquez ne tient et n'a jamais tenu de boutique de tableaux comme le
font les autres peintres, et que « sûrement le Roi — c'est du moins son
avis, à lui témoin — ne concéderait jamais l'ordre s'il pouvait supposer
qu'il en a été autrement ».

A la suite de la comparution de vingt-quatre témoins, la plupart
personnes de marque, la tâche des commissaires pouvait être regardée
comme terminée à Madrid. Ils se transportèrent donc à Séville pour y
continuer l'enquête. Elle allait nécessairement porter sur la condition
des père et mère de l'artiste, ainsi que sur celle de ses ascendants du côté
maternel. A cet effet, les commissaires reçurent cinquante nouvelles
dépositions; elles ne nous offrent pas grand intérêt. Ils se firent ensuite
représenter l'original de l'acte de baptême du candidat, en prirent copie,
et commencèrent de consulter les registres des délibérations du Conseil
de ville, aux fins de s'assurer si les ascendants de Velazquez avaient été
exemptés, comme nobles, d'un impôt local qu'on appelait *la blanca de
la carne.* Mais, leurs premières recherches n'ayant donné que des résultats incomplets, un supplément d'information fut reconnu nécessaire
par le Conseil de l'ordre; puis, finalement, Velazquez ayant produit tous
les documents et titres exigés, le Conseil, présidé par le marquis de
Tabara, décida, le 2 avril 1659, que les preuves présentées pouvaient
être considérées comme entièrement suffisantes.

De la cérémonie de la prise de l'habit, le dossier des *Informaciones*
ne fait aucune mention. Toutefois, nous savons par Palomino qu'elle
eut lieu, avec la pompe accoutumée, le 28 novembre 1659, dans l'église
de la Carbonera; que le marquis de Malpica servit de parrain au nouveau chevalier de Santiago, et que celui-ci reçut les insignes des mains
de don Gaspar Perez de Gusman, comte de Niebla, héritier du duc de
Medina Sidonia.

Quelques semaines auparavant, le maréchal-duc de Gramont, envoyé
à Madrid comme ambassadeur extraordinaire, avait fait son entrée solen-
nelle. Il venait négocier le mariage de l'infante Marie-Thérèse et de

Louis XIV. Velazquez fut chargé d'accompagner l'ambassadeur et son
fils, le comte de Guiche, dans une visite qu'ils firent, un matin, au palais,
afin de voir les tableaux et les statues qui décoraient la demeure royale.
Le maréchal fut, paraît-il, fort sensible aux courtoises et nobles
manières de son *cicerone*, car pour lui témoigner sa gratitude, il lui fit
remettre, avant de partir, une montre d'une grande valeur.

C'est très probablement à cette époque que l'artiste, pressé sans doute
par le temps et par les circonstances, peignit, ou plus exactement, acheva
de peindre ce portrait de l'infante Marie-Thérèse qui est catalogué au
musée de Madrid sous le n° 1084. Ne pouvant peut-être obtenir de
l'infante qu'elle posât à nouveau, Velazquez se contenta de prendre une
toile ébauchée quelque cinq ou six années auparavant, et de terminer,
mais cette fois dans sa manière la plus souple et la plus libre, ce qu'il
avait laissé précédemment inachevé. Et c'est encore une de ses plus
délicieuses symphonies de couleur que ce portrait, fait tout entier de
blancs écrus, de gris nuancés et de rouges, allant du rouge cramoisi du
brocart des tentures jusqu'au rose passé, si délicat, du broché de la robe
lamée d'argent. Comme elle est exquise dans sa sobriété, cette claire et
pimpante harmonie de rouges et de gris argentins où, çà et là, brillent
et se détachent discrètement quelque bijou, quelque nœud de rubans,
touchés d'une note plus vive!

Il est piquant, en face de cette vivante peinture, de relire dans les
Mémoires du maréchal de Gramont ce fragment, détaché d'une lettre
écrite par lui, sous la date du 22 octobre 1659, au cardinal de Mazarin;
l'ambassadeur, qui sait devoir être lu par le roi et par Anne d'Autriche,
s'essaye à faire un portrait de Marie-Thérèse aussi séduisant que possible; il le termine par un trait de flatterie à l'adresse d'Anne d'Autriche,
qui sent son courtisan :

« Quant aux qualités du corps — écrit le maréchal au sortir de la
comédie où il a vu l'infante, — elles ne peuvent être à mon sens plus
agréables; c'est une blancheur qui ne se peut exprimer, des yeux perçants
et vifs, la bouche belle; pour les dents je n'en saurais parler, car la
conversation a été trop courte pour les pouvoir remarquer, non plus que
la taille, que la hauteur des chapins et un garde-infant large de deux
aunes, peuvent aisément cacher, seulement l'ayant vu entrer et sortir de
la salle de la comédie, elle m'a paru fort libre, le ton de la voix agréable,
les cheveux de belle couleur, et afin de finir par un portrait qui puisse

satisfaire Votre Éminence, je l'assurerai que c'est la parfaite ressemblance de la reine [1]. »

De cette même année 1659 datent également, d'après Palomino, les deux charmants portraits de l'infant don Philippe-Prosper et de l'infante Marguerite-Marie du musée de Vienne. Ce furent là, en même temps qu'une miniature de la reine Marianne d'Autriche, exécutée par Velazquez sur une petite plaque d'argent du diamètre d'un *real de Ségovie de à ocho*, les dernières productions de l'artiste.

Outre ces deux portraits d'infants, le musée de Vienne possède de Velazquez une œuvre d'une importance absolument capitale. Cette fois, c'est son intérieur même et sa propre *famille* que l'artiste a pris pour objectif. Sur le premier plan, la femme de Velazquez, Juana Pacheco, est assise soutenant sur ses genoux une mignonne petite fille qui vient de pleurer et qu'elle console; quatre jeunes garçons, tous différant entre eux par l'âge et la taille, sont debout, et placés ainsi : trois à la gauche et un à la droite de leur grand'mère. Au second plan, une main posée sur la tête de celui qui paraît être le second en âge, se tient doña Francisca, la fille de Velazquez et la femme de Mazo; plus à gauche, on voit Mazo lui-même s'inclinant légèrement vers l'aîné de ses fils, un adolescent déjà sérieux et grave; à son côté est placé Pareja, ce fidèle esclave qui a accompagné partout Velazquez et qui, un beau jour, s'est tout d'un coup révélé un peintre habile. Au fond d'une assez longue galerie éclairée par une large fenêtre, on aperçoit Velazquez occupé à peindre un portrait de la reine Marianne d'Autriche; une nourrice, tenant en brassière un tout petit enfant, s'approche de l'artiste.

Sur la paroi du fond, à gauche, se détache dans sa bordure d'ébène un portrait de Philippe IV; devant ce portrait, sur une table drapée de velours et chargée d'un vase de fleurs et de livres, est posé un buste de marbre blanc qui nous paraît être celui d'Élisabeth de Bourbon, cette première et si charmante femme de Philippe IV, dont la mémoire était restée pour Velazquez l'objet d'un véritable culte.

Sur cette toile, d'une très haute valeur comme coloris et comme exécution, et si intéressante à tant d'autres égards, l'artiste a donc groupé tout ce qui, de près ou de loin, lui était le plus cher. C'est une merveille que de voir quelle variété, quelle intensité de vie et quelle grâce à la fois

---

1. *Mémoires du maréchal de Gramont*, t. II, p. 224. Paris, 1716. Voyez également les *Mémoires de Mme de Motteville*, t. IV, p. 196. Paris, Charpentier, 1878.

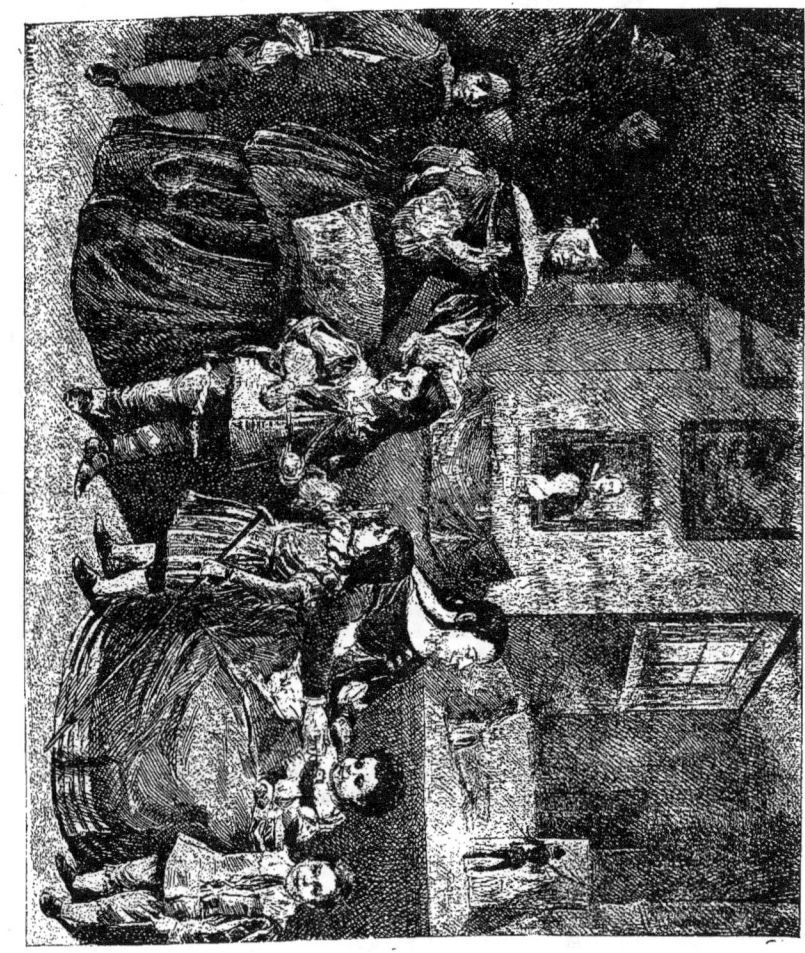

LA FAMILLE DE VELAZQUEZ.

(Musée de Vienne.)

spirituelle et attendrie il a apportées à peindre tous ces naïfs minois d'enfants, et comme il a su imprimer aux traits de l'aïeule et de la mère l'expression de la plus exquise tendresse !

Chose étrange : aucun des biographes espagnols n'a mentionné cette peinture. A quelle date fut-elle exécutée ? Ce dut être vraisemblablement vers 1651 ou 1652, puisque c'est seulement à cette époque que, pour la première fois, Velazquez put faire le portrait de Marianne d'Autriche, dont le mariage avec Philippe IV avait eu lieu en 1649, alors que l'artiste était en Italie.

L'âge des enfants de Mazo, de Juana Pacheco et de sa fille Francisca, tels qu'ils apparaissent dans ce tableau, s'accorderait du reste avec cette date de 1651-1652. Marié en 1634, Mazo pouvait très bien avoir ce grand fils, déjà un petit homme, qui est sans doute ce don Gaspar, son aîné, en faveur duquel il obtint du roi, en 1658, la transmission de sa charge d'*huissier de la chambre* [1].

Pour achever de sceller la paix, convenue seulement en principe entre les deux couronnes de France et d'Espagne, la date du mariage de Louis XIV avec l'infante avait été enfin fixée. Le lieu choisi pour l'entrevue entre Philippe IV et son futur gendre allait être cette petite île des Faisans, qu'entoure la Bidassoa et la même qui, tant de fois déjà, avait servi de terrain neutre lors de la conclusion de traités et d'alliances de famille entre les deux maisons royales.

1. La supplique de Mazo fait partie des Archives du Palais, *Maison de Philippe IV*. — Dossier 79, n° 360. Mazo expose dans cette pièce que la charge d'*huissier de la chambre* lui a été donnée à l'occasion de son mariage avec la fille de Diego Velazquez, en 1634. Il dit qu'il a de nombreux enfants et que le roi l'ayant, l'année précédente, nommé *ayuda de furiera*, on lui a supprimé ses gages d'huissier ; en conséquence, il demande au roi que cette charge soit transférée, comme étant la dot de sa mère, à Gaspar del Mazo, son fils, et petit-fils de Diego Velazquez. Il ajoute que ce fils est d'âge d'entrer au service de Sa Majesté. (Datée du 3 octobre 1658.)

A cette pièce est jointe la délibération du *Bureo,* la pétition de Mazo lui ayant été transmise par le roi, pour avis. Cette délibération répète à peu près les motifs allégués par Mazo, et fait connaître l'opinion des membres du *Bureo*, qui est favorable. Nous y relevons, toutefois, cette indication nouvelle pour nous et qui ne se trouve pas dans la pétition de Mazo, que « la charge d'*huissier de la chambre était la dot de la défunte femme de Mazo, fille de Velazquez* ». Ainsi, Francisca était morte en 1658 ; mais depuis quand ?

Le roi fit droit à la demande de Mazo.

Un autre de ses fils, Baltazar del Mazo, obtint également un emploi dans la maison de Philippe IV.

Cette fois, et pour donner plus de solennité à la rencontre des deux rois, des préparatifs d'une grande somptuosité furent ordonnés. Un pavillon avec des galeries d'accès et des portiques devait être construit dans l'île et chacune des deux nations eut naturellement à cœur d'en orner les salles avec toute la magnificence et la splendeur possibles.

Ce fut Velazquez que Philippe IV chargea du soin de diriger la décoration et l'aménagement de la partie du pavillon considérée comme étant en territoire espagnol. Le 7 avril 1660, l'artiste quittait Madrid, accompagné de son gendre Mazo et de Joseph de Villareal, ses deux *aides fourriers*. Devançant de huit jours le départ du roi, l'*aposentador mayor* devait, tout le long de la route que Philippe allait suivre, préparer partout des logements pour la cour et faire mettre le château de Fontarabie en état de recevoir le roi.

Velazquez employa à présider à ces diverses tâches jusqu'au 2 juin, jour où le roi d'Espagne quitta Saint-Sébastien et vint à Fontarabie. Le lendemain 3 juin, le mariage de l'infante fut célébré par procuration ; don Luis de Haro, ministre d'Espagne, agissant comme représentant le roi de France. Enfin, le 6, après une entrevue entre l'infante-reine, Anne d'Autriche, et Philippe IV, son frère, la paix entre les deux rois fut jurée par eux avec beaucoup de solennité. Cette imposante cérémonie, à laquelle assistèrent les plus grands personnages appartenant aux deux cours, eut lieu dans la salle dite de la *Conférence*, qui occupait le milieu du pavillon.

« Chaque côté de cette salle — dit Mme de Motteville — était meublé, par les deux rois, de belles tapisseries et de brocarts. Celles d'Espagne étaient admirablement belles, et certaines choses, aussi, du côté du roi étaient plus riches. »

Velazquez, qui avait pris part à l'organisation de toutes les fêtes et des cérémonies où figurait Philippe IV, s'y était fait remarquer par la distinction et la noblesse de ses manières, au moins autant que par l'élégance et la richesse de son costume.

Il fut vivement complimenté de tous côtés pour les soins, le tact et le goût exquis qu'il n'avait cessé d'apporter dans l'accomplissement des devoirs de sa charge. Mais ces multiples occupations lui avaient imposé de trop rudes fatigues. Son retour à Madrid fut pour les siens une heureuse surprise, car le bruit de sa maladie, même de sa mort, s'était répandu quelques jours avant son arrivée. Toutefois, et malgré sa santé ébranlée, il parvint, quelque temps encore, à retrouver assez de forces pour reprendre son service auprès du roi. Mais, tout d'un coup, le 31 juillet, après avoir fait acte de présence au palais, il se sentit souffrant ; bientôt il fut en proie à de nombreux et violents accès de fièvre. Sentant que sa fin était prochaine, il fit ses dernières dispositions et légua tous ses biens à Juana Pacheco, désignant son vieil ami don Gaspar de Fuensalida et son gendre Juan del Mazo pour ses exécuteurs testamentaires.

Malgré tous les soins que lui prodiguèrent les propres médecins du roi, il mourut, le 6 août 1660, dans la soixante et unième année de son âge.

Velazquez fut enterré en grande pompe dans le caveau que possédait Fuensalida dans l'église paroissiale de San Juan, située près du palais ; à l'époque de l'occupation française, cette église fut abattue pour créer la place d'Oriente.

Un de ses élèves, Alfaro, qui se piquait de belles-lettres, composa en son honneur une longue épitaphe latine, rapportée par Palomino.

Huit jours après, le 14 août 1660, Juana Pacheco mourait subitement. Ses restes furent déposés près de ceux de son mari.

La mort du grand artiste fut pour sa famille l'origine d'assez graves et longues difficultés. Depuis son retour à Madrid, il n'avait point eu le loisir et la tranquillité nécessaires pour rendre compte des avances que lui avait faites le trésor royal, afin de couvrir ses dernières acquisitions de statues et de tableaux en Italie et ses dépenses du voyage de Fontarabie.

D'un autre côté, le trésor lui devait à lui-même, depuis de longues années, des arriérés de ses gages et des sommes assez élevées pour prix de ses tableaux. Cette situation, déjà passablement embrouillée par suite de l'incurie de l'administration des deniers royaux, fut habilement exploitée par l'envie. La grande situation qu'il occupait à la cour, la faveur et l'amitié dont l'honorait Philippe IV n'avaient pas manqué de soulever contre lui de jalouses passions. Il y parut alors : ce qu'on n'avait osé tenter pendant sa vie, on essaya de le faire après sa mort. Sitôt qu'on sut que, des comptes de la liquidation provisoirement établie par Mazo lui-même, la succession restait devoir au trésor une somme assez importante, *un million deux cent vingt mille sept cent soixante-dix mara-*

védis, des bruits déshonorants pour la mémoire de l'artiste se répandirent dans Madrid. Les agents du fisc firent mettre tous ses biens sous séquestre ; il ne fut levé qu'en 1666, et seulement après que Mazo eut, conformément à une décision prise par le *Bureo*, remboursé intégralement la moitié de la somme due au trésor, l'autre moitié étant considérée comme représentant ce que le trésor devait de son côté à Velazquez [1].

Les pièces, ainsi que les comptes relatifs à cette étrange affaire, qui ne saurait entacher en rien la probité du grand peintre, sont conservés parmi les *archives de la maison de Philippe IV*, au palais de Madrid.

Les portraits de Velazquez, ceux du moins où il s'est peint lui-même, ne sont pas nombreux. En dehors du plus important de tous, du portrait en pied des *Meninas*, nous ne voyons guère à citer que celui des *Casas capitulares* de Séville, dont il existe une copie au palais de San Telmo ; celui du musée de Valence [2] et, enfin, un seul sur les deux que conserve le musée de Florence. Nous ne connaissons pas le portrait qui est à Munich, non plus que ceux qu'on signale dans diverses collections d'Angleterre [3].

Le livret de l'ancienne *Galerie espagnole*, rassemblée par les soins du roi Louis-Philippe, et qui fit quelque temps partie du musée du Louvre, mentionnait un portrait de Velazquez. Mais c'était là une désignation purement hypothétique et, d'ailleurs, toute gratuite : la tête de jeune homme qu'on avait ainsi baptisée se trouve aujourd'hui au palais de San Telmo, à Séville. C'est bien une peinture de Velazquez, mais ce n'est pas son portrait.

1. Un inventaire des meubles, tableaux, bijoux qui se trouvaient placés dans la galerie de l'appartement de l'infant, où travaillait Velazquez, fut dressé, le 10 août 1660, par L. F. de Contreras, aposentador du palais, en présence des deux exécuteurs testamentaires.

Sur cet inventaire, qui fait partie des *Archives du Palais*, nous ne voyons figurer qu'un seul tableau de Velazquez. C'est, au dire de l'inventaire, le *Portrait d'une dame anglaise*. Ne serait-ce point là, plutôt, le portrait demeuré inachevé de la duchesse de Chevreuse ? Mais, quoi qu'il en soit, il faut ajouter cette toile à la liste des peintures de Velazquez qui sont perdues.

2. Le portrait de Velazquez du musée de Valence a été gravé d'une façon remarquable par Fortuny. Il figure en tête de la *Memoria* des peintures de l'Escurial, publiée par M. Ch. Davillier.

3. M. W. Stirling possédait une miniature qu'il dit être de la main du maître. La gravure s'en trouve en tête de son livre sur *Velazquez et ses œuvres*. Paris, Vᵉ Renouard, 1865.

Bien rares aussi sont les dessins du maître, ceux du moins qui peuvent prétendre à être considérés comme absolument authentiques. Cette même insigne rareté existait déjà, paraît-il, dès la fin du siècle dernier, au temps où Cean Bermudez, qui la constate, préparait les matériaux de son *Diccionario*.

On connaît ce dessin à la pierre noire, exposé dans une des salles du Louvre, et qui représente le *cheval* placé au premier plan dans la célèbre toile dite des *Lances*. Eh bien ! malgré ses lettres de noblesse, — car il nous vient de Mariette, — nous doutons de sa parfaite authenticité, et pour cette raison, d'ailleurs facile à contrôler, que c'est là un dessin fait *d'après le tableau terminé* et non une première pensée, une étude destinée à servir à l'exécution même du tableau. A notre avis donc, et quoi qu'en dise le savant catalogue de M. Reiset, ce dessin n'est autre chose qu'une note prise par une main étrangère, d'ailleurs fort habile, en face de la peinture du maître.

L'Institut de Jovellanos, à Gijon, petite ville de la côte cantabrique, possède quelques croquis et études de Velazquez, légués peut-être par Jovellanos, mais dont la provenance n'est pas toutefois suffisamment établie. Nous y avons noté un croquis à la plume d'un lourd *carrosse attelé de deux chevaux*, tel que l'artiste en a peint dans ses rendez-vous de *chasse* et ses *Vues du parc d'Aranjuez*, et aussi une académie d'homme, à la sanguine, qui pourrait bien être une étude pour son tableau du *Dieu Mars*. Quant aux moyens d'exécution employés le plus habituellement par l'artiste, dans ses dessins, Cean Bermudez signale surtout la plume, taillée grossièrement, et le pinceau trempé d'encre de Chine ou de bistre [1].

En décrivant précédemment quelques-uns des portraits du comte-duc d'Olivarès, nous avons dit que Velazquez avait gravé à l'eau-forte un de ces portraits ; de plus, nous avons ajouté que nous croyions pouvoir lui attribuer un autre portrait du comte-duc, gravé celui-là au burin, et nous avons promis de fournir quelques éclaircissements sur ces deux rarissimes productions. Velazquez graveur ! N'y a-t-il pas là de quoi piquer au vif l'incrédulité, l'ignorance des collectionneurs et des icono-

---

1. « Sus dibujos van por el mismo camino, siempre abreviados, siempre llenos de gracia y de sabiduria, tocados con pincel à la aguada, ò con pluma mal cortada : son muy raros y muy apreciables... » (Cean Bermudez, *Diccionario*, t. V, p. 177.)

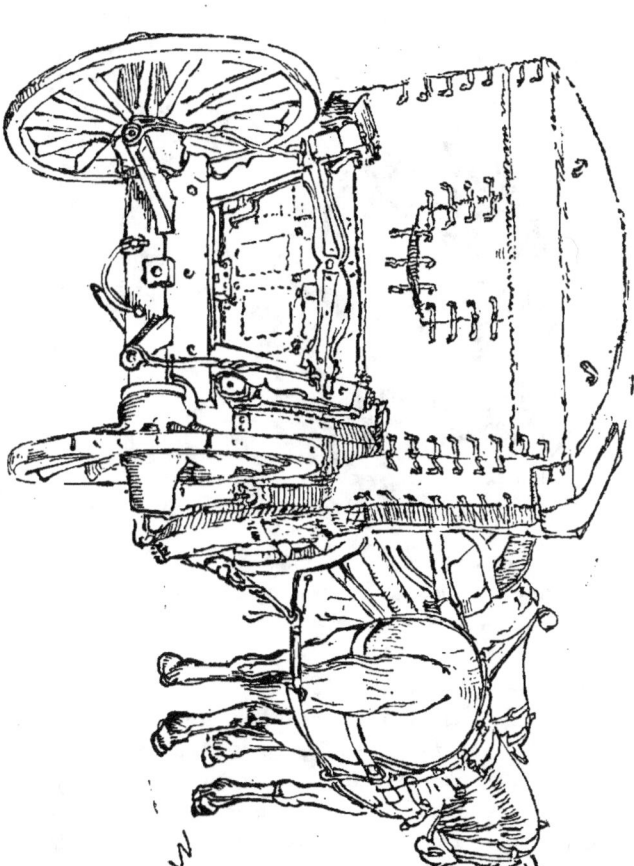

UN CARROSSE.

Fac-similé d'un dessin de Velazquez. (Institut de Gijon.)

graphes ? Mais pourquoi, comme l'ont fait Rubens, Van Dyck et presque tous les peintres espagnols, ses contemporains, Velazquez n'aurait-il pas gravé lui-même ?

Or il a gravé : c'est là précisément ce que nous allons prouver. Pour plus d'évidence, et parçe que, ici, des reproductions valent mieux que toutes les descriptions, nous mettons sous les yeux de nos lecteurs les photogravures absolument parfaites de fidélité de ces deux petits chefs-d'œuvre. Puissent ces *fac-similés* aider les curieux à retrouver quelque épreuve ignorée ; la trouvaille serait d'importance.

Occupons-nous d'abord de l'eau-forte.

C'est le Cabinet des Estampes de Berlin qui est en possession de l'épreuve reproduite. Est-elle unique ? C'est ce que nous nous garderons bien d'affirmer ; en tout cas, elle doit être fort rare. Cette épreuve fut acquise à Madrid par M. le baron de Werther ; elle provenait de la collection de Cean Bermudez. Au bas de la gravure, comme il le fit avant sa mort pour classer les dessins et les estampes de sa collection, le savant critique d'art espagnol avait pris le soin d'écrire la note suivante : « Este retrato del Conde Duque de Olivarès, grabado por Velazquez, es el mismo de que hablo en mi *Diccionario de los profesores de las bellas-artes en Espana,* et à la suite il data : *Madrid, 22 sept., en 1813,* et signa en toutes lettres : *Cean Bermudez.*

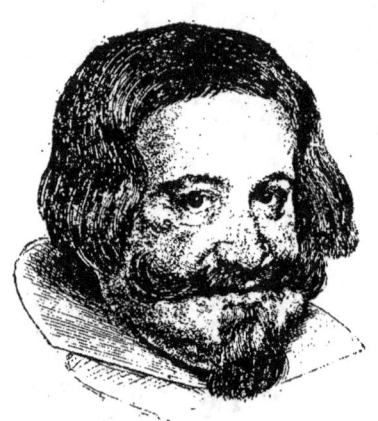

LE COMTE-DUC D'OLIVARÈS.
Gravure à l'eau-forte par Velazquez.
(Cabinet des Estampes de Berlin.)

Ainsi cette épreuve est donc bien la même qui avait servi à Cean Bermudez quand il rédigeait sa biographie de Velazquez pour son *Dictionnaire historique des plus illustres artistes espagnols,* et lorsqu'il écrivait les lignes suivantes : « Rien n'est plus rare que l'eau-forte du portrait du comte-duc d'Olivarès que Velazquez a gravée. Cette eau-forte est *reprise au burin* dans les cheveux, les moustaches et la

royale, avec des [touches très délicates de *pointillé* dans les chairs ;
elle a trois pouces de [large [1]. »

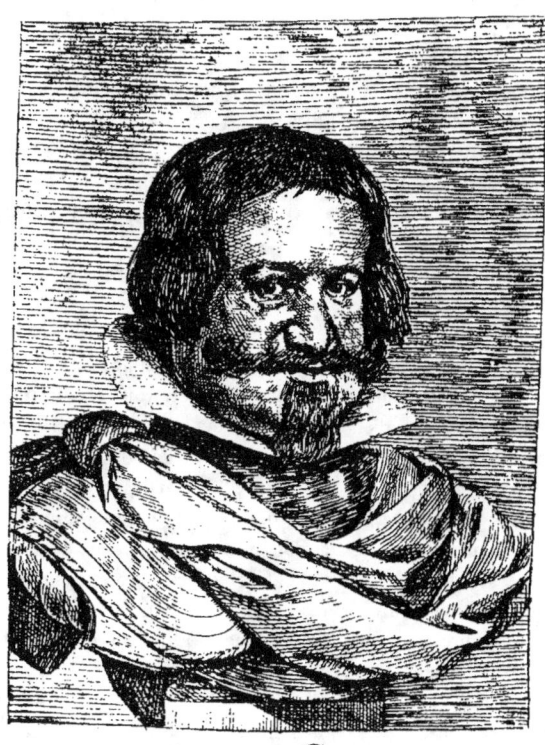

PORTRAIT DU COMTE-DUC D'OLIVARÈS.
Fac-similé d'un essai de gravure au burin, attribuée à Velazquez.
(Collection de la Bibliothèque nationale de Madrid.)

Or la compétence, l'autorité de Cean Bermudez en matière d'icono-

1. « No es menos raro el retrato del conde duque de Olivares que grabò al agua
fuerte, el qual esta tocado con buril en el pelo, en los bigotes y perilla, con puntos
muy delicados en la carne, y tiene tres pulgadas de largo ». (Cean Bermudez, *Diccion.*, t. V, p. 177.)

graphie espagnole n'étant pas de celles qu'on discute, nous nous per-
mettrons de regarder comme choses établies et démontrées, d'abord,
que Velazquez a gravé à l'eau-forte et, subsidiairement, qu'il s'est
servi du burin et même du pointillé pour retoucher et terminer sa
planche.

Venons-en maintenant à la seconde pièce, la gravure au burin du
même portrait du comte-duc d'Olivarès, gravure que nous croyons pouvoir également attribuer à Velazquez.

L'épreuve dont nous donnons la reproduction faisait partie de la
précieuse collection de portraits formée à Madrid par notre savant ami,
feu don Valentin Carderera[1]. Cette épreuve, cédée à l'État en même
temps que sa collection, se trouve aujourd'hui à la Bibliothèque nationale de Madrid, où elle est classée sous cette rubrique : *Grabadores
españoles*. — De Velazquez : en opinion de algunos, el precioso
retrato del conde duque de Olivares[2]. » Le catalogue fait donc des
réserves quant à l'attribution de cette pièce, et, tout en l'imitant, nous
allons cependant essayer d'établir que cette gravure au burin est bien,
tout comme l'eau-forte, l'œuvre personnelle du maître.

Si nous comparons, dans la gravure au burin, le dessin de la tête
d'Olivarès avec l'eau-forte, nous restons frappé de l'analogie, de l'iden-
tité dans la construction, dans la distribution des masses, dans toutes les
grandes lignes, qu'offrent entre elles les deux estampes : là-dessus,
croyons-nous, il ne saurait y avoir doute ; les deux portraits procèdent
d'un seul et même dessin original à peine modifié en quelques parties,
mais cela par suite et en raison même de la diversité des procédés
employés dans les deux gravures.

Maintenant, Velazquez savait-il manier le burin ? Pour répondre à
cette question, il nous suffit, ce semble, de renvoyer au passage textuellement cité plus haut de Cean Bermudez. Or, puisque l'artiste avait
lui-même repris au burin diverses parties de son eau-forte, nous ne
voyons pas pourquoi il n'aurait pas gravé entièrement le second portrait. Cette hypothèse nous semble même d'autant plus admissible qu'au-

1. Cette épreuve porte dans sa marge les mots : *el conde duque*, écrits de la main
même de Velazquez ; telle était du moins l'opinion de M. Carderera.
2. *Noticia del plan general de clasificacion adoptado en la sala de estampas de la
Biblioteca nacional y breve catalogo de la coleccion*, por D. Isidoro Rosell y Torres.
— Madrid, 1873.

tour de Velazquez et, sous sa direction, travaillaient quelques graveurs
au burin, entre autres Jean de Noort, qui grava divers portraits d'après
les originaux du maître, et, notamment, le portrait du comte-duc d'Olivarès.

C'est peut-être ce de Noort ou van Noort, établi à Madrid durant de
longues années, qui fut l'initiateur de Velazquez dans ses essais de gravure ; mais, quel qu'ait été son guide, Velazquez ne dut pousser ni bien
longtemps ni bien avant cet apprentissage, si nous en jugeons par le portrait du comte-duc. De quelle inexpérience, de quelle maladresse, de
quelle gaucherie l'apprenti graveur ne fait-il pas preuve dans cet essai,
et comme cela sent peu l'homme de métier! Mais aussi, par contre,
quel coloris, quelle intensité d'expression et de vie dans cette tête si bru-
talement, si crûment modelée ; comme tout nous y révèle le peintre,
et, disons toute notre pensée, la griffe de l'artiste de génie, la main de
Velazquez !

Pour compléter cette étude, il nous reste à dire quels furent les principaux élèves de Velazquez et quels ouvrages les recommandent à notre
attention.

CHAPITRE XII

Les principaux élèves de Velazquez : Murillo, Carreño de Miranda, Mazo, Pareja, Alfaro, Juan de la Corte, Palacios, Villacis, Francisco de Burgos Mantilla, Puga, Aguiar; leurs principaux ouvrages; la palette de Velazquez.

L'influence exercée par Velazquez, dès ses débuts, sur les peintres ses contemporains avait été considérable. Elle s'était étendue même sur ceux des maîtres qui, comme Zurbaran, Alonso Cano, Angelo Nardi, Vincente Carducho, Caxès, et comme d'autres encore, étaient ses aînés dans l'art. A son contact, les Italiens corrigèrent leur manière, serrèrent de plus près la nature, en un mot se firent Espagnols et réalistes.

Cette légitime prépondérance, cette royauté de l'art, Velazquez l'avait conquise par l'autorité de son génie, le renom si mérité dont jouissaient ses ouvrages; il la devait aussi, et pour une large part, à la maîtrise, à la direction dont il avait charge sur tous les artistes occupés aux nombreux et importants travaux décoratifs entrepris par Philippe IV.

Mais l'art de Velazquez était bien trop génial et personnel pour pouvoir être réduit en formules, devenir une tradition plus ou moins dogmatique et donner naissance à une école. Le génie ne s'enseigne point. Certes, Velazquez put former des élèves qui, pour la plupart, devinrent de très habiles peintres; mais aucun d'eux ne saurait cependant prétendre à être regardé comme son héritier légitime, son continuateur, encore moins comme son heureux rival.

Velazquez mort, et à l'exception de la peinture du portrait qui ne déchut pas, tout ce qu'il avait apporté dans l'école de nouveautés hardies et de méthodes personnelles fut, autant dire, comme lettre morte. La peinture de genre, élevée par lui à la hauteur de la peinture d'histoire — notamment dans les sujets du *Baco*, des *Meninas* et des *Fileuses* — et la peinture d'histoire elle-même, telle qu'il l'avait comprise dans son tableau des *Lances*, cessèrent aussitôt après lui d'être senties et pratiquées avec cette saisissante simplicité de mise en scène, cette constante subordination au réel et au vrai, cette intelligente recherche du caractère en toutes choses, qui sont les côtés typiques du génie du grand artiste.

Il faudra, maintenant, que l'Espagne attende plus d'un siècle pour retrouver dans le talent prime-sautier, puissant, mais aussi bien inégal de Francisco Goya, quelque chose qui lui rappelle les admirables productions de Velazquez.

Parmi les élèves du maître qui reçurent passagèrement ses leçons et ceux qui se formèrent complètement à ses côtés, les historiens de l'art, en Espagne, citent Murillo, Carreño de Miranda, Juan Bautista del Mazo, Pareja, Alfaro y Gamez, Juan de la Corte, Francisco Palacios, Nicolas de Villacis, Francisco de Burgos Mantilla, Puga et Aguiar. Nous rapporterons succinctement sur eux les informations empruntées aux documents les plus indiscutables et nous aurons soin de jeter en même temps un coup d'œil sur leurs ouvrages.

Murillo devant être l'objet d'une étude spéciale, nous ne parlerons pas ici de la part que prit Velazquez à son éducation artistique.

Quant à Carreño de Miranda, il est moins un élève direct de Velazquez qu'un sectateur, s'assimilant dans l'art du maître ce qui s'harmonise le mieux avec son propre talent, déjà tout formé lorsqu'il connut Velazquez, et d'ailleurs très personnel.

Don Juan Carreño de Miranda était né à Avilès, dans les Asturies, en 1614, d'une famille distinguée. Il n'apprit d'abord à peindre que par passe-temps et comme l'apprendrait un amateur, dans l'atelier de Pedro de las Cuevas et plus tard dans celui de Bartolome Roman. Absorbé par l'exercice de sa charge de juge et conseiller pour l'état de la noblesse, Carreño ne pouvait que difficilement se livrer à son goût pour la peinture. Il avait cependant donné déjà diverses preuves de son mérite, quand Velazquez, ayant eu occasion de voir ses ouvrages, parvint à le décider à se livrer complètement à l'art. Attaché par le maître aux travaux de décoration de l'Alcazar, Carreño exécuta, sous la direction de Velazquez et principalement dans le *Salon des Glaces*, plusieurs grandes compositions dont les sujets étaient empruntés à la mythologie : en 1650, probablement à la demande de Velazquez, il était nommé peintre du roi.

Plus tard, sous le règne de Charles II, il fut élevé à l'emploi de peintre de la Chambre et d'aide du grand maréchal des logis de la Cour.

Le musée de Madrid conserve de très beaux portraits de Carreño, notamment le portrait en pied de Charles II, qui est une œuvre d'une réalité surprenante et où l'artiste a fait preuve d'une bien étonnante pénétration de l'état moral de son modèle, et un autre portrait en pied de *Marianne d'Autriche*, vêtue de son costume de veuve, qui est une peinture comparable, pour la distinction, la tenue et la beauté de l'exécution comme aussi pour sa coloration, traitée dans une gamme de gris admirable, aux plus beaux portraits des deux maîtres que Carreño a le mieux étudiés et compris, Van Dyck et Velazquez.

Un autre portrait, appartenant au même musée, se rapprocherait encore davantage de Van Dyck, dont il rappelle les colorations harmonieuses et pleines de fraîcheur ; c'est le portrait de *Pierre Iwanowitz Potemkin*, qui fut envoyé en ambassade, en 1682, par le tsar Feodor II, auprès de Charles II.

En sa qualité de peintre du roi, Carreño eut ordre de peindre, une première fois, vêtue de la belle robe de damas fleuretée d'argent que Charles II lui avait fait donner, et une seconde fois *in naturalibus*, une fillette de six ans qui était un véritable monstre d'obésité, puisqu'à cet âge elle atteignait déjà le respectable poids de *cinq arrobes plus vingt et une livres*. C'est l'édition vêtue qu'on trouve au musée de Madrid. L'autre fait encore partie de la galerie de feu l'infant don Sébastien.

Un portrait en pied d'un bouffon de cour appelé Francisco Bazan, longtemps catalogué au musée de Madrid comme de la main de Velazquez, y figure maintenant sous le nom de Carreño de Miranda, qu'un document authentique a révélé comme en étant le véritable auteur [1].

Carreño décora de grandes compositions plusieurs églises et divers couvents. En collaboration avec Francisco Rizi, il peignit, à fresque, la chapelle de l'Ochavo dans la cathédrale de Tolède, une salle de la chapelle de la Vierge à l'église d'Atocha et l'église de Saint-Antoine-des-Portugais à Madrid. Cean Bermudez donne l'énumération du plus grand nombre de ses ouvrages ; nous y notons un portrait d'infant, dans la manière de Velazquez, le portrait de don Juan d'Autriche, bâtard de Philippe IV, et celui de Valenzuela, le *privado*, l'amant de la reine et régente Marianne d'Autriche.

Carreño de Miranda mourut à Madrid en 1685, à l'âge de soixante-douze ans.

1. « Retrato de cuerpo entero, de dos varas y media de alto y vara y cuarta de ancho, de Francisco Bazan, hombre de placer, con un memorial en la mano. Original de Carreño. » *Inventaire des tableaux existants dans les trois pièces formant l'atelier des peintres de la Chambre, dressé le 10 août 1694*. Zarco del Valle, *Documentos ineditos*, Madrid, 1870.

En retraçant la biographie de Velazquez, nous avons déjà eu l'occasion de relever quelques-unes des plus importantes particularités rela-

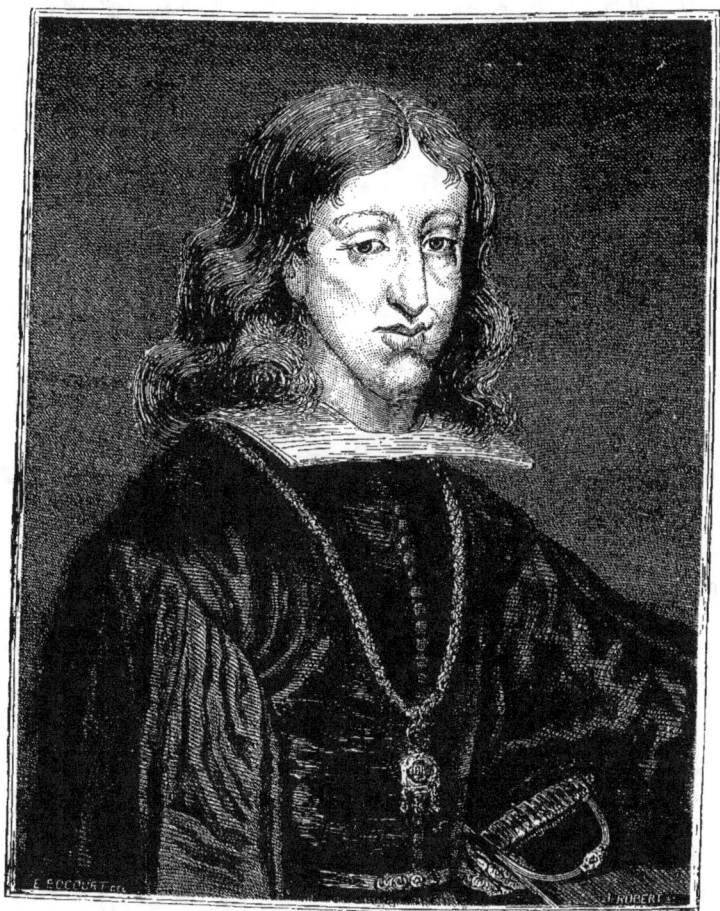

PORTRAIT DE CHARLES II, PAR CARREÑO DE MIRANDA.
(Musée de Madrid.)

tives à la vie et aux ouvrages de Juan Bautista del Mazo, le gendre,
l'élève préféré du maître et qui resta à ses côtés pendant toute sa vie.

Nous avons dit avec quels soins pieux Mazo sauvegarda de toute atteinte la mémoire du grand artiste; comment il paya jusqu'au dernier maravédi la somme avancée par le trésor à Velazquez pour couvrir les acquisitions faites par lui en Italie et les frais du voyage de la cour à Fontarabie, lors du mariage de l'infante avec Louis XIV, et enfin, comment il parvint à faire lever la saisie, dont les biens laissés à sa mort par son beau-père avaient été l'objet. Philippe IV, qui ne semble pas avoir attaché le moindre intérêt aux calomnies répandues contre la probité de Velazquez, reporta sur Mazo et sa famille une partie de la faveur dont il avait entouré son peintre : Mazo succéda à Velazquez dans sa charge de *peintre de la Chambre.*

Indépendamment de la *Vue de la ville de Saragosse,* où la collaboration de Velazquez est évidente, le musée de Madrid conserve de Mazo la représentation en pied de *D. Tiburcio de Redin,* qui, après avoir été maréchal de camp de l'infanterie sous Philippe IV, donna sa démission, se fit capucin dans un couvent de Tarragone, s'en alla ensuite catéchiser et convertir les Indiens en Amérique, et mourut à la Guayra de Caracas en odeur de sainteté, vers l'année 1650. Ce n'est donc point là tout à fait un portrait, puisque Mazo ne paraît pas avoir connu D. Tiburcio de Redin, dont la conversion remonte à 1637, mais plutôt une peinture exécutée d'après quelque document provenant d'une autre main. C'est, au surplus, un morceau d'une très belle tournure.

Le catalogue du même musée enregistre sous le n° 790 un portrait en pied de *Marianne d'Autriche,* en costume de deuil, qui est également de Mazo. Dans une pièce s'ouvrant sur celle où se tient la reine, on aperçoit deux très jeunes enfants et près d'eux une *camarera;* plus en arrière, près d'une seconde porte, se tient une femme de service vêtue comme une veuve ou une religieuse. Au premier aspect, on pourrait croire que ce portrait est de Velazquez; étudié de plus près, on y découvre une certaine gaucherie de dessin et quelques lourdeurs de coloration qui déparent fréquemment les ouvrages de Mazo. Il y a également dans ce tableau des fautes de perspective : Mazo, sous ce rapport, n'est jamais très correct.

La présence de quelques-uns de ces mêmes défauts dans le tableau de la *Famille de Velazquez,* du musée du Belvédère, à Vienne, nous porterait à penser que Mazo, sans que nous puissions, du reste, limiter la part qu'il y a prise, a dû beaucoup travailler à cette peinture.

M. de Madrazo restitue à Mazo un portrait en pied de Philippe IV, vêtu entièrement de noir, la Toison d'or au col et tenant à la main un papier sur lequel on lit : *Señor D. Juan de Gongora*... Ce portrait, peint dans les dix dernières années de la vie de Philippe IV, manque également de légèreté dans l'exécution; on l'a catalogué, autrefois, au musée de Madrid, comme étant de l'école de Velazquez. Bürger, dans sa biographie de Mazo pour l'*Histoire des peintres*, l'a attribué à Pareja, mais sans en déterminer la raison. Avec M. de Madrazo, nous n'hésitons pas à le rendre à Mazo.

Mazo fit preuve de beaucoup d'habileté à copier les peintures de Rubens et les grands artistes vénitiens; il fut aussi très heureux dans ses peintures de paysage. Le musée de Madrid en a gardé un assez grand nombre : quelques-uns de ces paysages, exécutés d'après nature, sont véritablement remarquables, notamment les vues du *Monastère de l'Escurial* et du *Campillo*.

Après la mort de doña Francisca, fille de Velazquez, Mazo se remaria avec Ana de la Vega qui lui survécut. Il mourut en 1667, dans cette même *Casa del Tesoro* que son beau-père avait toujours habitée.

Ses deux fils, D. Gaspar et D. Baltazar, occupèrent d'honorables emplois auprès de la personne du roi.

Juan de Pareja est cet esclave que possédait Velazquez à Séville, qui broyait ses couleurs, lui servait parfois de modèle, et qu'il amena avec lui en 1623, lorsque le comte-duc d'Olivarès l'appela à Madrid. Pareja ne quitta jamais son maître; il l'accompagna dans ses voyages en Italie, et c'est à Rome, avant de commencer le *Portrait du pape Innocent X*, que Velazquez, pour se faire la main, improvisa, d'après son fidèle serviteur, cette rapide et étonnante étude qui fut tant admirée et qui lui valut d'être nommé, par acclamation, membre de l'Académie de Saint-Luc.

A force de voir travailler son maître, Pareja se sentit pris du désir de dessiner et de peindre. Longtemps, en cachette, il se livra à de patientes études. Un jour, enfin, il résolut de se découvrir. A la suite du second voyage de Velazquez en Italie, Pareja, qui devait avoir alors près de quarante-cinq ans, peignit avec application un petit tableau qu'il eut soin de laisser dans l'atelier, après avoir retourné la peinture contre la muraille. Philippe IV venait souvent passer quelques moments près de son peintre; il manquait rarement de s'enquérir de ce que l'artiste était en train de faire, de fureter partout et d'examiner jusqu'aux moindres ébauches. Ayant aperçu le petit tableau, il le considéra avec attention, demandant de qui il était. Pareja, mettant la circonstance à profit, se jeta aux genoux du roi, sollicitant son pardon pour avoir dissimulé à son maître qu'il peignait ainsi en secret. Philippe IV, se tournant alors vers Velazquez, lui dit : « Avisez à ceci : Celui qui a fait cette peinture ne saurait rester plus longtemps esclave. » Velazquez affranchit immédiatement Pareja et le garda comme élève. Pareja ne fut point ingrat. Il continua ses services auprès de son maître, et, après la mort de celui-ci, il resta dans la famille de Mazo. Ce fidèle ami figure, croyons-nous du moins, dans le tableau de la *Famille* du musée du Belvédère, à Vienne.

Palomino et Cean Bermudez affirment que les portraits peints par Pareja rappellent absolument la manière de Velazquez. Nous ne sommes pas en mesure de contrôler cette assertion, les collections espagnoles ne possédant aucun spécimen qu'on puisse en toute certitude considérer comme l'œuvre de Pareja.

Le seul tableau de lui qu'on trouve au musée de Madrid est une grande composition, intitulée : *la Vocation de saint Mathieu*. Un des personnages, debout à gauche de la toile et en costume du XVIIᵉ siècle, tient à la main un papier sur lequel on lit distinctement : *Juan de Pareja en el año 1661*. Cette toile, très remarquable, ne rappelle en rien Velazquez. C'est une peinture hybride, mélange de vénitien, de génois, dont l'auteur semble avoir étudié de préférence Véronèse et Castiglione plutôt que le peintre du tableau des *Lances*.

Juan de Pareja mourut à Madrid en 1670.

Juan de Alfaro y Gamez, né à Cordoue vers 1640, fut d'abord l'élève d'Antonio del Castillo, puis il vint à Madrid et passa quelque temps dans l'atelier de Velazquez. C'est à Alfaro que l'on doit l'impression de la *Memoria* ou *Catalogue des peintures envoyées par le roi au monastère de l'Escurial*, peintures que Velazquez avait voulu placer lui-même et dont, à cette occasion, il écrivit la curieuse description critique dont nous avons précédemment parlé. Alfaro est aussi l'auteur de la longue épitaphe latine consacrée à la mémoire de Velazquez, et qui est rapportée par Palomino. A la mort d'Alfaro, Palomino, qui avait été quelque temps son élève, hérita de ses notes manuscrites, relatives à divers peintres, et plus particulièrement à la vie de Velazquez; ces notes ont été largement utilisées par Palomino dans sa biographie du grand artiste.

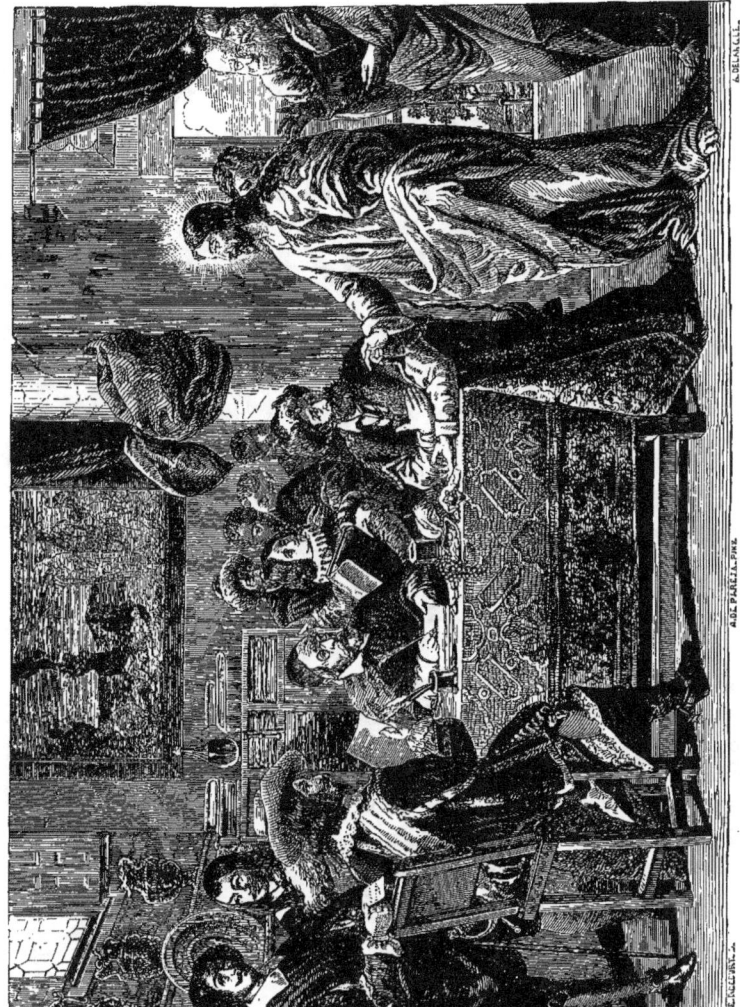

LA VOCATION DE SAINT MATHIEU.

Tableau de Juan de Pareja. (Musée de Madrid.)

Il existe à Cordoue, dans quelques églises, diverses peintures d'Alfaro ; elles sont pour la plupart d'une exécution médiocre.

Un portrait peint par Alfaro, en 1669, figurait dans la collection Salamanca, vendue à Paris en 1867 ; il représentait *Don Bernabe de Chinchetru, chevalier de l'ordre de Santiago et conseiller du roi en son conseil des Indes.*

Ce portrait ne manquait pas d'une certaine tournure ; il suffirait cependant à prouver, lorsqu'on étudie de près son exécution, que Juan de Alfaro ne saurait être regardé comme un des meilleurs élèves de Velazquez.

Il est à regretter qu'aucune œuvre de Juan de la Corte, qui paraît, au contraire d'Alfaro, avoir été un des disciples les plus marquants du maître, ne se retrouve plus aujourd'hui dans les musées et les collections d'Espagne. L'énumération que Cean Bermudez fait de ses ouvrages indique que Juan de la Corte peignait de préférence de grands tableaux d'histoire et des sujets mythologiques : il en cite quelques-uns qui décoraient encore de son temps le *Salon de los Reynos* au palais du Buen-Retiro. Même il nous apprend cette particularité curieuse à retenir, que, dans le tableau représentant *Don Carlos Coloma secourant la place de Valencia del Pô,* la tête du général Coloma avait été peinte par Velazquez.

Juan de la Corte, qu'il ne faut pas confondre avec son fils Gabriel, adonné surtout à la peinture des fleurs, mourut à Madrid en 1660, la même année que son maître.

En l'absence de tout témoignage authentique, nous ne pouvons contrôler ce que disent les auteurs espagnols relativement au talent de Nicolas de Villacis. Né à Murcie, d'une famille noble et aisée, et ayant montré de bonne heure de grandes dispositions pour la peinture, ses parents l'envoyèrent à Madrid et le confièrent aux soins de Velazquez. Après qu'il eut passé quelque temps dans l'atelier du maître, celui-ci le décida à aller se perfectionner à Rome. Villacis y demeura plusieurs années et fit encore de grands progrès.

Revenu dans sa ville natale, il préféra mener une vie de loisirs plutôt que de se rendre à l'invitation de Velazquez, qui l'appelait auprès de lui pour prendre part à la décoration de l'Alcazar.

Dès lors, Villacis ne fit plus guère que peindre en amateur et seulement quand il lui plaisait. Palomino dit avoir vu de ses ouvrages, des fresques, au couvent de la Trinité, à Murcie, et il n'hésite pas à qualifier leur auteur : *un grand artiste*. Il ne subsiste rien aujourd'hui de ces fresques que l'humidité avait déjà détruites dès le commencement de ce siècle.

Les quelques renseignements biographiques que nous avons recueillis relativement à Francisco de Burgos Mantilla procèdent de deux sources. L'une est un manuscrit appartenant à la bibliothèque de l'Académie de San Fernando, dont l'auteur est Lazaro Diaz del Valle, contemporain de Velazquez. Diaz del Valle, historiographe pour les couronnes de Castille et de Léon, a consigné dans ce manuscrit une foule de notes sur les peintres de son temps, et le consciencieux Cean Bermudez en a fait son profit pour la rédaction de son *Diccionario*. Francisco de Burgos, au dire de Diaz del Valle, aurait d'abord été formé par Pedro de las Cuevas. Velazquez le prit ensuite comme élève. A la date de 1658, époque où l'historiographe écrit ses notes, Francisco de Burgos s'était, à ce qu'il rapporte, acquis une grande et légitime réputation à Madrid, en peignant des portraits dans la manière de son illustre maître.

Il serait impossible de vérifier aujourd'hui l'exactitude de cette assertion de Diaz del Valle, car aucun ouvrage authentique, peint par Francisco de Burgos Mantilla, ne figure dans les galeries publiques, soit d'Espagne soit des autres pays.

L'autre source à laquelle nous puisons est l'enquête ouverte par le chapitre des chevaliers de Santiago, avant la réception de Velazquez dans l'ordre. Francisco de Burgos Mantilla y figure, en effet, comme comparant, et tout ce qu'il y a à retenir de sa déclaration se borne aux quelques renseignements qui suivent : Francisco de Burgos Mantilla était natif de Burgos. Il avait été amené à Madrid à l'âge de neuf ans et il y en avait trente-quatre qu'il connaissait Velazquez. Nous en concluons que Francisco de Burgos était né vers 1615, et qu'il avait environ quarante-trois ans en l'année 1658, date de l'enquête.

Pour le surplus de la déclaration, et spécialement en ce qui concerne Velazquez, le témoignage de Francisco de Burgos ne nous révèle rien d'intéressant ou que d'autres comparants n'aient déjà dit avant lui.

Sur Francisco Palacios nous ne savons que peu de choses. D'après Cean Bermudez, il était né à Madrid vers 1640. Ses parents obtinrent de Velazquez qu'il le reçût parmi ses élèves. Palacios devint assez rapidement un très bon portraitiste; il avait surtout, au dire de son biographe, le don de faire ses portraits très ressemblants. Velazquez étant mort en

1660, Palacios n'eut évidemment guère le temps de profiter de l'enseignement du maître. On ne cite de lui qu'un seul ouvrage, un *Saint Onufre*,
dans l'église des Recogidas. Il mourut à Madrid en 1676.

C'est encore à Cean Bermudez que nous empruntons le seul renseignement qui nous soit parvenu relativement à Antonio Puga et à la
nature de son talent.

En 1653, cet élève de Velazquez avait peint six tableaux, qui étaient,
lorsque Cean Bermudez les vit, en la possession de D. Silvestre Collar y
Castro. Le savant critique nous apprend que ces peintures rappelaient
absolument la première manière de Velazquez, celle de l'*Aguador de
Séville*, et que les sujets traités par Palacios s'inspiraient des mêmes
scènes familières ou pittoresques que le maître avait lui-même observées
et traduites sur la toile dans sa jeunesse.

Nous ignorons ce que sont devenues ces peintures de Puga, dont le
nom ne figure plus aujourd'hui que sur un seul catalogue, celui du
musée de l'Ermitage, avec un tableau représentant un *Rémouleur
ambulant*.

Le nom de Tomas de Aguiar, élève de Velazquez, qui peignait avec
succès, autour de l'année 1660, des portraits de petite dimension, serait
très probablement tombé dans l'oubli, n'était que le poète don Antonio
Solis, pour le remercier de l'avoir peint, lui a consacré un sonnet.

« Comment fais-tu, demande le poète à son peintre, pour arriver à
traduire ainsi mon âme sur mon visage et donner toute l'apparence de la
vérité à ce qui n'est cependant que fiction ? » Et, comme il tient à terminer son sonnet par la pointe de gongorisme obligée, le poète ajoute :
« En vérité, s'il ne manque à ce portrait que la parole, c'est encore pour
me ressembler davantage, puisque moi-même je reste sans voix et stupéfait en regardant ma propre image et en la voyant si vivante. »

Ce sont là, résumées brièvement, toutes les informations biographiques que nous fournissent, sur les élèves du grand artiste, les documents et les livres espagnols. Autant qu'il nous a été possible nous avons
essayé, quand nous pouvions consulter leurs ouvrages, de nous rendre
compte de la nature et de la valeur de leur talent; s'il nous fallait leur
assigner un rang, ce serait à Carreño de Miranda que nous donnerions la
première place à la suite du maître; non que Carreño ait mieux réussi
que ne l'ont pu faire Mazo, Pareja ou d'autres dans l'imitation servile
et dans la préparation de ces nombreuses répétitions des portraits de

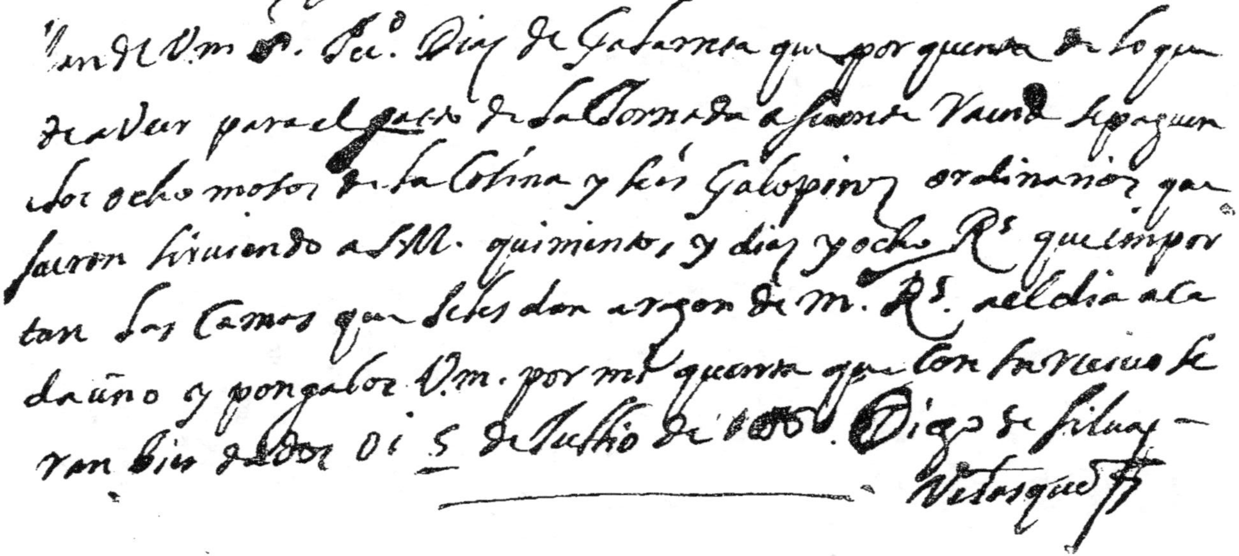

Philippe IV, des reines et des infants répandues aujourd'hui, sous le nom du maître, dans les grandes collections de l'Europe, mais parce que, au contraire, il n'a emprunté au génie de Velazquez que ce qui s'harmonisait avec son propre talent, que ce qui s'alliait étroitement avec son sentiment personnel.

Il serait facile, soit en s'aidant des renseignements techniques assez précis qu'on trouve dans les ouvrages sur la peinture de Pacheco et de Palomino, soit surtout en étudiant les ouvrages de Velazquez, de reconstituer sa palette, ou tout au moins d'en retrouver les éléments principaux.

Les ocres forment la base des tons dont il fait le plus fréquemment usage. Ces ocres, qui abondent en Espagne et particulièrement en Andalousie, sont de trois sortes : l'ocre claire, l'ocre foncée et la terre d'ombre.

La terre de Séville, d'une plus grande intensité et d'une plus profonde transparence que nos bruns rouges, l'ocre brûlée, le noir, l'indigo, le cobalt foncé et le vermillon, obtenu du sulfure de mercure, qu'on trouve dans les mines d'Almaden, en Espagne, telles sont, avec un jaune provenu du sulfure d'arsenic ou du protoxyde de plomb, les couleurs que Velazquez emploie le plus constamment. Nous croyons, sans cependant l'affirmer, qu'il n'usait guère des laques.

Ceux de nos lecteurs que ces questions techniques intéresseraient pourront les étudier plus à fond en consultant l'*Indice de los terminos privativos de la pintura*, sorte de lexique terminologique et analytique que Palomino a placé à la suite du livre III de son ouvrage intitulé : *El Museo pictorico y escala optica*, imprimé à Madrid en 1715.

PRINCIPALES PEINTURES DE VELAZQUEZ

SUJETS RELIGIEUX

Ancien Testament.

Loth et ses filles. — Collection lord Northwick (Northwick Park, Worcestershire). Trois figures grandeur nature. Provient de la galerie d'Orléans. Gravé au trait par Ph. Triere.

Moïse sauvé du Nil. — Collection comte de Carlisle (Castle Howard, Yorkshire). Dix figures grandeur nature. Provient de la galerie d'Orléans. Gravé au trait par De Launay.

La Tunique de Joseph. — Escurial (Sala vicarial). Six figures grandeur nature. Laurent, photog.

Nouveau Testament.

L'Immaculée Conception. — Collection Bartle Frere (Londres). Provient du couvent des Carmélites de Séville.

Le Couronnement de la Vierge. — Musée du Prado, n° 1056 (Madrid). Plusieurs figures de grandeur nature. Dim. : 1m,76 sur 1m,34. Exécuté pour l'Oratoire de la reine, au palais de Madrid. Gravé au trait par Massard et Nargeot; à l'eau-forte par Jameson, Facho, Vallejo et Galvan; lithographié par Feillet, Llanta, Chevallier et Cos.

La Vierge. — Collection Philip Miles, Bart. (Leighcourt, Gloucestershire). Gravé à l'eau-forte dans la *Miles Gallery.*

L'Ange apparaissant aux bergers. — Dim. : 1m,80 sur 1m,25. Ventes Standish (1853) et Davenport Bromley (1863).

L'Adoration des bergers. — National Gallery (Londres). Neuf figures grandeur nature. Provient de la galerie Louis-Philippe. Gravé au trait par Lingée.

L'Adoration des rois. — Musée du Prado, n° 1054 (Madrid). Sept figures grandeur nature. Dim. : 2m,04 sur 1m,25. Lithographié par Cayetano Palmaroli et Cos.

Le Christ après la flagellation. — Collection John Savile Lumley. Trois figures grandeur nature. Gravé à l'eau-forte par E. J. P. Coynter.

Le Christ à Emmaüs. — Collection comte de Breadalbane (Perthshire). Trois figures grandeur nature. Dim. : 1m,20 sur 1m,58. Provient de la galerie Louis-Philippe.

Le Christ crucifié. — Musée du Prado, n° 1055 (Madrid). Figure de grandeur nature. Dim. : 2m,48 sur 1m,69. Une copie ancienne à l'église des Capucins, à Madrid.

Une copie à l'École des Beaux-Arts, à Paris. Gravé au trait par Murguia, Carmona, Ballester et Allegre y Gorriz; à l'eau-forte par Maura, E. J. P. Coynter et Bell; lithographié par Taylor et Cos.

Saint Antoine abbé et saint Paul Ermite. — Musée du Prado, n° 1057 (Madrid). Dim. : 2ᵐ,57 sur 1ᵐ,88. Peint en 1659, pour l'ermitage de San Antonio, au Buen-Retiro. Lithographié par Blanchar et Cos.

Saint Antoine abbé et saint Paul Ermite. — Esquisse originale du précédent. Fait partie d'une collection privée (Madrid). Dim. : 0ᵐ,68 sur 0ᵐ,54. Provient de la galerie Louis-Philippe.

Saint Charles Borromée. — *Stafford House.* Collection du duc de Sutherland (Londres). Esquisse. Huit figures.

Sainte Claire. — Collection du comte de Dudley (Londres). Figure à mi-corps, grandeur nature. Provient de la galerie Salamanca.

Saint François Borgia. — *Stafford House.* Huit figures grandeur nature. Rapporté d'Espagne en 1835 par le maréchal Soult. Une copie à l'église collégiale de Logroño.

Saint Jean dans le désert. — Dim. : 1ᵐ,40 sur 1ᵐ,06. A fait partie des collections Williams et Standish.

Saint Jean l'Évangéliste. — Collection Bartle Frere.

Saint Pierre délivré. — Francis Cook (Richmond Hill, Surrey).

SUJETS MYTHOLOGIQUES

Les Buveurs, « *los Borrachos* » ou le « *Baco* ». Musée du Prado, n° 1058 (Madrid). Figures réduites. Dim. : 1ᵐ,65 sur 2ᵐ,25. Une copie ancienne au musée de Naples. A été gravé à l'eau-forte par Goya, H. Adlard, d'après Goya, Alabern y Fatjo, Pineda, Masson; au trait par Carmona; lithographié par Blanco, Nanteuil, Valdivieso, Cos et Juan Martinez.

Bacchus. — Lord Heytesbury (Wiews). Esquisse modifiée du précédent. Six figures. Signé et daté 1624. Acquis à Naples.

Ésope. — Musée du Prado, n° 1100 (Madrid). Figures de grandeur nature. Dim. : 1ᵐ,79 sur 0ᵐ,94. Une copie à l'École des Beaux-Arts, à Paris. Gravé à l'eauforte par Goya, Alabern, Laguillermie, Galvau, Francz; au trait par Esquivel; lithographié par Soulange, Tessier et Cos.

Mars. — Musée du Prado, n° 1102 (Madrid). Figure de grandeur nature. Dim. : 1ᵐ,79 sur 0ᵐ,95. Gravé à l'eau-forte par Vallejo, Pineda; au trait par Le Villain; lithographié par Loutrel et Cos.

Menippe. — Musée du Prado, n° 1101 (Madrid). Figure de grandeur nature. Dim. : 1ᵐ,79 sur 0ᵐ,94. Une copie à l'École des Beaux-Arts, à Paris. Gravé à l'eauforte par Goya, Laguillermie, Lhuillier, Maura, Francz; au trait par Esquivel; lithographié par Soulange, Tessier et Cos.

Mercure et Argus. — Musée du Prado, n° 1063 (Madrid). Figures de grandeur nature. Dim. : 1ᵐ,27 sur 2ᵐ,48. Gravé à l'eau-forte par Vallejo, Galvau; lithographié par Cos.

Vénus et Cupidon. — Robert Morrit (Rokeby Park, Yorkshire). Figures de grandeur nature. Anciennement au palais d'Albe, à Madrid.

La Forge de Vulcain. — Musée du Prado, n° 1059 (Madrid). Six figures. Dim. : 2ᵐ,23 sur 2ᵐ,90. Gravé au trait par Clairon, Enriquez; à l'eau-forte, par Alabern y Fatjo; lithographié par Jollivet, Cos et Valdiviero.

SUJETS HISTORIQUES

La Reddition de Breda. — Tableau connu sous le nom de « *las Lanzas* ». Musée du Prado, n° 1060 (Madrid). Figures grandeur nature. Diam. : 3ᵐ,07 sur 3ᵐ,67. Une copie par Henri Regnault, terminée par une autre main, à l'École des Beaux-Arts, à Paris. Gravé à l'eau-forte, Laguillermie et Maura ; lithographié par de Craene, Cos et Bachillier.

COMPOSITIONS DIVERSES

« *Las Meninas* ». — Musée du Prado, n° 1062 (Madrid). Neuf figures grandeur nature. Dim. : 3ᵐ,18 sur 2ᵐ,76. A été gravé à l'eau-forte par Goya, Maura ; au trait par Audouin ; lithographié par Nanteuil, Cos et Juan Martinez.

« *Las Meninas* ». — Collection Walter Ralph Bankes (Kingston Lacy, Dorset). Esquisse avec quelques modifications.

Les Fileuses « *las Hilanderas* ». — Musée du Prado, n° 1061 (Madrid). Huit figures grandeur nature. Dim. : 2ᵐ,20 sur 2ᵐ,89. Une copie par Collier, à l'École des Beaux-Arts, à Paris. Gravé à l'eau-forte par Milius, Gaujean, Galvau et Maura ; lithographié par Cos.

La Famille de Velazquez. — Galerie du Belvédère (Vienne). Douze figures, deux tiers de grandeur nature. Exécuté très probablement par Mazo, avec la collaboration de Velazquez. Dim. : 1ᵐ,50 sur 1ᵐ,71. Gravé au trait par Kovatsch et à l'eau-forte par W. Unger.

Réunion de gentilshommes. — Musée du Louvre, n° 554. Dim. : 0ᵐ,47 sur 0ᵐ,77. Acquis en 1851. Gravé à l'eau-forte par Ed. Manet ; lithographié par W. Thornley.

Guerrier mort, dit « *Roland mort* ». — *National Gallery*. (Attribué faussement à Velazquez.) Provient de la galerie Pourtalès. Une copie ancienne (Collection Cremer, à Bruxelles) a été acquise comme étant l'original. Gravé à l'eau-forte par Flameng.

PORTRAITS

Philippe III. — Musée du Prado, n° 1064 (Madrid). Le roi est monté sur un cheval fringant. Grandeur nature. Dim. : 3 m. sur 3ᵐ,14. Gravé à l'eau-forte par Goya, Fatcho ; lithographié par Jollivet et Cos.

Philippe IV. — Musée du Prado, n° 1066. Portrait équestre. Figure de grandeur nature. Dim. : 3 m. sur 3ᵐ,14. Gravé à l'eau-forte par Goya, Alabern y Fatcho ; lithographié par Jollivet et Cos.

Philippe IV. — Comte de Northbrook (Londres). Réplique du précédent portrait. Vente S. Rogers, 1856.

Philippe IV. — Sir Philip Miles, Bart. Réplique du portrait du musée de Madrid.

Philippe IV. — Duc de Montpensier. Palais de San Telmo (Séville). Catalogué comme étant l'esquisse du tableau du musée de Madrid. Photographié par Laurent. Dim. : 0ᵐ,46 sur 0ᵐ,39.

Philippe IV. — Galerie Pitti (Florence). Dim. : 1ᵐ,26 sur 0ᵐ,91.

Philippe IV. — Sir Richard Wallace, Bart.

Philippe IV. — Galerie Uffizi (Florence). Le roi, couvert d'une armure, est monté sur un cheval qui se cabre; dans le ciel, deux figures de femmes. Dim. : 3ᵐ,39 sur 2ᵐ,67. Gravé au trait par Cosimus Mogalli.

Philippe IV. — Musée de Stockholm. Le roi, jeune et imberbe, est monté sur un cheval blanc. Dim. : 1ᵐ,95 sur 1ᵐ,67. Une inscription constate que ce portrait fut donné à la reine Christine de Suède par le ministre espagnol Pimentel.

Philippe IV. — Musée du Prado, n° 1070. Le roi, peint en pied, est debout, la main gauche sur une table, un pli dans la main droite. Figure de grandeur nature. Dim.: 2ᵐ,01 sur 1ᵐ,02. Photographié par J. Laurent.

Philippe IV. — Duc de Villahermosa (Madrid). Le roi debout, revêtu des insignes de la Toison d'or, tient un papier dans sa main droite; la gauche repose sur la garde de son épée. Grandeur nature.

Philippe IV. — Robert S. Holford. Le roi debout, tête nue, avec une écharpe cramoisie, tient de la main droite une canne et a la main gauche sur la garde de son épée. Acquis de M. Nieuwenhuys.

Philippe IV. — Musée du Prado, n° 1074. Le roi, en costume de chasse et tenant un fusil dans la main droite; un chien est couché à ses pieds. Dim. : 1ᵐ,91 sur 1ᵐ,26. Gravé à l'eau-forte par Maura, Rosell, Burnet; lithographié par Lopez.

Philippe IV. — Louvre. Il est debout dans un paysage, la tête nue, il tient son fusil de la main droite; près de lui, son chien. Grandeur nature. Dim. : 2 m. sur 1ᵐ,20. Acquis en 1862. Gravé à l'eau-forte par Hausoullier et Ed. Manet.

Philippe IV. — Réplique du portrait n° 1074 du musée du Prado. Dim. : 1ᵐ,93 sur 1ᵐ,06. Ventes Baillie, 1858, et Schneider, 1876.

Philippe IV. — Musée du Prado, n° 1081. Le roi agenouillé, tenant son chapeau dans la main gauche. Grandeur nature. Dim. : 2ᵐ,09 sur 1ᵐ,47. Photographié par Laurent.

Philippe IV. — Musée du Prado, n° 1077. Le roi, couvert d'une armure, tient un bâton de commandement de la main droite; à ses pieds, un lion. Grandeur nature. Dim. : 2ᵐ,31 sur 1ᵐ,31. Gravé à l'eau-forte par Galvau.

Philippe IV. — Hampton Court. Même disposition que le précédent, un piédestal sur lequel est sculptée la tête d'un lion.

Philippe IV. — M. Henry Huth (Wikehurst, Surrey). Le roi, portant la Toison d'or, tient dans la main droite un papier sur lequel est écrit le mot « Señor »; sur la droite, on voit l'intérieur d'une chambre. Provient de la galerie Louis-Philippe. Photographié par Laurent.

Philippe IV. — Ermitage. Le roi debout dans une chambre ouvrant sur un balcon. Il tient dans sa main droite une lettre. Grandeur nature. Dim.: 2ᵐ,10 sur 1ᵐ,20. Vente du roi de Hollande, 1850.

Philippe IV. — Walter R. Baknes (Kingston Lacy, Dorset). Grandeur nature. Vente Altamira, 1827.

Philippe IV. — Duc de Hamilton (Hamilton Castle, Lanark, N. B.). Le roi tient dans sa main un papier sur lequel est écrit le nom de Velazquez. Grandeur nature. Pris par le général Dessoles, au Palais royal de Madrid.

Philippe IV. — Comte d'Ellesmere. Bridgewater House (Londres). Portrait de petite dimension.

Philippe IV. — Collection de Mᵐᵉ Lyne Stephens (Lynford Hall, Norfolk). Le roi tient un bâton d'ivoire dans la main droite. Trois quarts de grandeur. Dim. : 1ᵐ,36 sur 0ᵐ,99. Vente Salamanca, 1867. Gravé à l'eau-forte par Guérard.

Philippe IV. — Galerie Dulwich. Le même que le précédent, mais de dimension plus petite. A fait partie de la collection Bouchardon.

Philippe IV. — Galerie du Belvédère (Vienne). Le roi est debout, de trois quarts à droite, la main gauche sur son épée. Photographié par Miethke.

Philippe IV. — Musée du Prado, n° 1071. Buste. Le roi est couvert d'une armure. Grandeur nature. Dim. : 0^m,57 sur 0^m,44. Gravé à l'eau-forte par Pineda.

Philippe IV. — *National Gallery.* Buste. Le roi est vêtu de noir. Ancienne collection du prince Démidoff. Gravé à l'eau-forte par Rajon.

Philippe IV. — Robert S. Holford (Londres). Le même que le précédent.

Philippe IV. — Ermitage. Le même que les précédents. Dim. : 0^m,67 sur 0^m,53. Acquis en 1814, de M. Coesvelt. Photographié par Röttger.

Philippe IV. — Galerie du Belvédère (Vienne). Le même et de dimension un peu plus petite.

Philippe IV. — Louvre. Galerie La Caze. Dim. : 0^m,42 sur 0^m,35.

Philippe IV. — Musée du Prado, n° 1080. Buste grandeur nature. Dim. : 0^m,60 sur 0^m,56. Gravé à l'eau-forte par Maura; lithographié par Garzoli.

Philippe IV. — Musée de Turin. Buste. Dim. : 0^m,41 sur 0^m,36. Donné au musée en 1834 par le roi Charles-Albert. Gravé au trait par Cesare Ferreri.

Philippe IV. — Comte d'Ashburton. Buste grandeur nature [1].

L'Infant Don Baltazar Carlos. — Musée du Prado, n° 1068 (Madrid). L'infant, monté sur un cheval andalous, tient le bâton de commandement dans la main droite. Grandeur nature. Dim. : 2^m,09 sur 1^m,73. Une ancienne copie à la galerie Dulwich, une autre à l'Ermitage. Gravé à l'eau-forte par Goya, Milius, Burnet; en mezzo par Earlom; lithographié par Jollivet et Cos.

Don Baltazar Carlos. — Duc de Fernan Nuñes (Madrid). Même tableau, un peu plus petit. Dim. : 1^m,27 sur 0^m,97. Vente Salamanca, 1867.

Don Baltazar Carlos. — Sir Richard Wallace, Bart. L'infant, sur un cheval noir, est accompagné de plusieurs cavaliers. Acquis en Espagne vers 1827.

Don Baltazar Carlos. — *Grosvenor House* (Londres). L'infant est à cheval dans la cour du palais, il est entouré de plusieurs personnages parmi lesquels se trouve Olivarès. Le roi et la reine à un balcon.

Don Baltazar Carlos. — Sir Richard Wallace, Bart. Il est debout, la main gauche sur son épée, et tient de la main droite le bâton de commandement. Vente Standish, 1853.

Don Baltazar Carlos. — Sir Richard Wallace, Bart. Vente Williams Wells, 1848.

Don Baltazar Carlos. — Musée du Prado, n° 1076 (Madrid). Il est debout, avec un fusil dans la main droite, un chien à ses pieds. Dim. : 1^m,91 sur 1^m,10. Gravé à l'eau-forte par Lemus, Alabern; lithographié par Blanco et Cos.

Don Baltazar Carlos. — Duc d'Abercorn (Londres). Debout, de trois quarts à gauche, un fusil dans la main; trois chiens près de lui. Vente G. Warrender, 1837.

Don Baltazar Carlos. — Musée de La Haye. Debout, de trois quarts à gauche,

---

1. Beaucoup d'autres portraits de Philippe IV, ou de personnages de la famille royale, figurent comme étant de Velazquez dans des collections particulières. Cette attribution est le plus souvent mal fondée ; car la plupart de ces portraits ne sont que des copies ou des répliques exécutées par Mazo, Pareja, Carreno et par d'autres élèves de Velazquez.

Dans le catalogue descriptif si complet qu'il a publié à Londres et à New-York en 1883, des peintures de Velazquez, M. Ch. B. Curtis indique, avec tous les détails nécessaires, dans quelles ventes ont paru les ouvrages attribués à tort ou à raison à l'artiste et à quelles collections publiques ou privées ils appartiennent aujourd'hui.

un bâton de commandement dans la main droite, la main gauche sur son épée. Dim. : 1^m,48 sur 1^m,11. Lithographié par Gerkens.

Don Balta$z$ar Carlos. — *Buckingham Palace* (Londres). Même composition que le précédent. Donné par Philippe IV au roi Charles 1er.

Don Balta$z$ar Carlos. — Belvédère (Vienne). Debout, la tête nue, la main droite appuyée sur une chaise. Gravé au trait par Moncornet et De Jode.

Don Balta$z$ar Carlos. — Musée du Prado, n° 1083 (Madrid). Debout, la main gauche sur le dossier d'un fauteuil. Dim. : 2^m,09 sur 1^m,44. Photographié par Braun.

Don Balta$z$ar Carlos. — En buste, grandeur nature. Ventes Baillier, 1868; Sackville Bale, 1881.

L'Infant Don Carlos. — Musée du Prado, n° 1073 (Madrid). Debout, son chapeau dans la main gauche. Grandeur nature. Dim. : 2^m,09 sur 1^m,25. Gravé à l'eau-forte par Martinez de Espinosa et Guérard.

L'Infant Don Fernando. — Musée du Prado, n° 1075 (Madrid). Debout, en costume de chasse, et tenant un fusil; un chien à ses pieds. Grandeur nature. Dim. : 1^m,91 sur 1^m,07. Gravé à l'eau-forte par Goya, Maura, Martinet, Alabern, Guérard, Burnet; lithographié par Lopez et Cos.

L'Infant Don Philippe Prosper. — Galerie du Belvédère (Vienne). Debout, un jouet dans la main gauche, la droite sur un fauteuil. Dim. : 1^m,28 sur 1 m. Gravé à l'eauforte par Unger.

Don Philippe Prosper (?) — Marquis de Lansdowne (Londres). L'infant est couché dans un berceau. Grandeur nature.

Le Prince de Parme et son nain. — Comte de Carlisle (Castle Howard). Grandeur nature.

Un Prince espagnol. — Comte Harrach (Vienne).

Le Maréchal de camp Alessandro del Borro. — Musée de Berlin. Dim. : 2^m,03 sur 1^m,21. Acquis à Florence en 1873.

Portrait d'un sculpteur (Alonso Cano (?) — Musée du Prado, n° 1091 (Madrid). Nous croyons reconnaître dans ce portrait le sculpteur Martinez Montañes, de Séville, représenté à mi-corps, tenant un ébauchoir, une main posée sur un buste à peine indiqué. Dim.: 1^m,09 sur 0^m,87. Gravé à l'eau-forte par Maura; lithographié par Cos.

Le Cardinal Gaspard de Borgia. — *Städel Kunst-Institut* (Francfort). Le buste avec les mains. Dim. : 0^m,62 sur 0^m,49. Vente Salamanca, 1867. Gravé à l'eau-forte par Joh. Eissenhardt.

Cardinal Gaspard de Borgia. — Walter Ralph Bankes. Buste grandeur nature. Dim. : 0^m,41 sur 0^m,38. Donné à un ancêtre de M. Bankes par la duchesse de Gandia.

Cardinal Róspigliosi. — Musée de Munich. Acquis en 1808.

Un Cardinal majordome. — Trois quarts de grandeur. Dim.: 1^m,14 sur 0^m,92. Vente Salamanca, 1875.

Un Cardinal. — Edward A. Leatham (Londres). Buste. Acquis en 1860 de M. Walesby.

Un Cardinal. — Duc de Wellington (Londres). Buste.

Le Fils de Don Christoval del Corral. — Duc de Villahermosa (Madrid). Portrait en pied. Dim. : 2^m,05 sur 1^m,15.

Luis de Gongora y Argote. — Musée du Prado, n° 1085 (Madrid). Gravé par Carmona et Blas Amettler. Dim. : 0^m,59 sur 0^m,46. Gravé au trait par S. Carmona, Blas Amettler.

Henry de Halmale. — T. P. Smyth (Londres). Portrait en pied. Vente T. Purves, 1849.

Don Luis de Haro. — Baron de Rothschild (Paris). Grandeur nature. Vente Northwick, 1859.

Alonzo Martinez de Espinar. — Musée du Prado, n° 1105 (Madrid). Buste. Dim. : 0^m,74 sur 0^m,44. Du palais de San Ildefonso.

Don Pedro Moscoso de Altamira (?) — Musée du Louvre. A mi-corps. (Attribué faussement à Velazquez, ce portrait est signé du monogramme d'Angelo Nardi et porte la date de 1633.) Donné en 1690 par l'archevêque de Tolède au marquis de Guardia. Acquis en 1849 de M. Callery. Dim. : 0^m,92 sur 0^m,73.

Le Comte-Duc d'Olivarès. — Musée du Prado, n° 1069 (Madrid). Portrait équestre. Dim. : 3^m,13 sur 2^m,39. Gravé à l'eau-forte par Goya, Maura; lithographié par Jollivet et Cos.

Olivarès. — Duc de Montpensier. Palais San Telmo (Séville). Esquisse du précédent. Dim. : 0^m,46 sur 0^m,39. Photographié par Laurent.

Olivarès. — Comte d'Elgin (Broom Hall, Fife). Le même. Cheval blanc.

Olivarès. — Sir Richard Wallace, Bart. Le même. Esquisse.

Olivarès. — Mrs. Henry Hutz (Wykehurst, Surrey). Portrait en pied. Vente Louis-Philippe.

Olivarès. — Robert S. Holford (Londres). Le même, avec « El Conde Duque » écrit dans l'angle gauche. Ventes Baillie, 1858, et Scarisbrick, 1861.

Olivarès. — Ermitage. Le même. Dim. : 2^m,06 sur 1^m,25. Vente du roi de Hollande, 1850.

Olivarès. — Duc de Villahermosa (Madrid). En pied. La main droite sur une table. Grandeur nature.

Olivarès. — Musée de Dresde. Buste. Acquis en 1746. Gravé au trait par Herman Panneels, Pontius, Gallaeus, Meriau, De Jode, Moncornet et Noseret.

Olivarès. — Ermitage. Le même, mais plus petit et sans les mains. Dim. : 0^m,67 sur 0^m,54. Acquis en 1814, de M. Coesvelt.

Olivarès. — Marquis de Lansdowne (Londres). Le même. Ancienne collection du prince de la Paix. Rapporté d'Espagne en 1813, par M. Buchanan.

Olivarès. — Francis Clare Ford (Londres). Le même. Acquis du général Meade.

Don Adrian Pulido Pareja. — Comte de Radnor (Longford Castle, Wilks). Debout, un bâton de commandement dans la main droite. Son chapeau dans l'autre main ; une inscription.

Don Adrian Pulido Pareja. — Duc de Bedford (Woburn Abbey, Bedfordshire).

Juan de Pareja, élève de Velazquez. — Comte de Radnor, en buste. Type de mulâtre.

Juan de Pareja, élève de Velazquez. — Comte de Carlisle (Castle Howard), en buste.

Don Antonio Alonso Pimentel. — Musée du Prado, n° 1090 (Madrid). A mi-corps. Dim. : 1^m,09 sur 0^m,88. Gravé à l'eau-forte par Maura.

Le Pape Innocent X. — Palais Doria (Rome). Assis sur une chaise cramoisie. Presque grandeur nature. Dim. : 1^m,40 sur 1^m,20. Gravé à l'eau-forte par Lalauze et par Burney.

Le Pape Innocent X. — Marquis de Bute (Londres). Le même.

Innocent X. — Duc de Devonshire (Chiswick). Gravé au trait par Fittler et Warren.

Innocent X. — Ermitage. Étude pour le portrait original. Dim. : 0",49 sur 0",41. De la collection Hougton. Gravé en mezzo par Valentine Green.

Innocent X. — Duc de Wellington. Buste de grandeur nature.

Innocent X. — Marquis de Lansdowne (Londres). Buste.

Innocent X. — Alfred Semour (Knoyle, Wilts). Buste.

Innocent X. — Mrs. C. Stirling (Cawdor House, Lanarkshire). Buste.

Don Francisco de Quevedo Villegas. — Duc de Wellington. Buste grandeur nature. A appartenu à Don Francisco Bruno, à Séville. Gravé au trait par Carmona et Brandi.

Don Francisco de Ribas. — J. C. Robinson (Londres). Selon l'opinion de M. Ch. B. Curtis, la tête seulement serait de Velazquez.

L'Alcade Ronquillo. — Debout, grandeur nature. Ventes Sir D. Wilkie, 1842; James Hall, 1855; G. A. Hoskins, 1864; Burnet, 1872.

Julian Valcarcel. — Comte d'Ellesmere. Portrait en pied, grandeur nature. Vente Altamira.

Velazquez, son portrait. — Galerie Uffizi (Florence). A mi-corps. Dim. : 1 m. sur 0",81. Gravé au trait par Francesco Cecchini, Delboete, Blas Amettler, H. Adlard, Lasinio, John Bromley; lithographié par Nanteuil.

Velazquez. — Galerie Uffizi. En buste. Dim. : 0",70 sur 0",58. Gravé au trait par Girolamo Rossi, Colombini, Lasinio, Unknown.

Velazquez. — Musée de Valence, n° 684. Gravé à l'eau-forte par Fortuny.

Velazquez. — Sir William Stirling-Maxwell. Miniature. Vente J. M. Brackenbury, 1848.

Velazquez. — Comte d'Ellesmere. La tête seule. Acquis de M. H. Farrar.

Velazquez. — Marquis de Lansdowne (Londres). Buste. A appartenu au prince de la Paix. Rapporté d'Espagne par M. Buchanan et vendu en 1814 au marquis de Lansdowne.

Velazquez. — *Casas capitulares* (Séville). Une copie de ce portrait appartient au duc de Montpensier, palais de San Telmo, Séville.

Velazquez. — Palais ducal (Modène). Buste dans un ovale.

Velazquez (?) — Capitole (Rome). Buste grandeur nature. Photographié par Alinari.

Gentilhomme espagnol. — Comte de Stanhope (Londres). A mi-corps. (Signé.) Rapporté en 1845 par le comte de Stanhope. Ce tableau faisait partie de la collection du comte Lecchi de Brescia.

Gentilhomme espagnol. — W. F. B. Massey, Mainwaning (Londres). Buste grandeur nature. Vente lord Northwick, 1859.

Gentilhomme espagnol. — Lord Kinnaird (Rossie Priory, Perthshire).

Jeune Homme. — Duc de Montpensier (Séville). Buste. Dim. : 0",43 sur 0",35. Ancienne galerie Louis-Philippe. Gravé au trait par Pannier, Masson; lithographié par Malezieux, Jullien.

Jeune Homme. — *Grosvenor House* (Londres). Buste, sur panneau. Acquis en 1806 de la galerie Wellbore Ellis Agar.

Portrait d'homme. — Duc de Wellington. Donné à tort comme portrait de Velazquez. Buste grandeur nature.

Portrait d'homme. — Comte de Wemyss (Gosford Hall, East Lothian). A mi-corps.

Jeune Homme. — Edward A. Leatham (Londres). Buste. Vente W. Anthony, 1871.

Portrait d'homme. — Comte de Dudley. Tête seule.

Portrait d'homme. — Lord Leconfield (Petworth, Sussex). Buste.

Portrait d'homme. — Lord Arundel de Wardom (Wietshire). Tête.

Portrait d'homme. — Musée Fitzwilliam (Cambridge). Un peu plus d'à mi-corps.

Un Gentilhomme. — Charles Brinsley Marlay, Mullingar (Irlande). Trois quarts de grandeur nature. Acquis d'un artiste américain.

Un Alcade. — Sir John Neeld, Bart. (Grittleton, Wilks). Portrait en pied, trois quarts de grandeur nature.

Un Ecclésiastique. — Walter R. Bankes (Kingston Lacy, Dorset). Buste.

Un Gentilhomme. — Galerie Leuchtenberg (Saint-Pétersbourg). A mi-corps. Ovale. Gravé à l'eau-forte par N. Muxel; lithographié par Mayr.

Cavalier. — Musée de Pesth. Petit tableau.

Gentilhomme. — Yale College (New-Haven. États-Unis). Grandeur nature.

Portrait d'homme. — Musée du Prado, n° 1104 (Madrid). Buste. Dim. : 0^m,56 sur 0^m,39. Photographié par Laurent.

Portrait d'homme. — Musée du Prado, n° 1103 (Madrid). Buste. Provient du palais de San Ildefonso.

Portrait d'homme. — Musée de Berlin. Dim. : 1^m,17 sur 0^m,85. Ancienne galerie Suermondt.

Portrait d'homme. — Musée de Dresde. A mi-corps. Gravé au trait par Ernst Mohn.

Portrait d'homme. — Musée de Dresde. Buste. Gravé par Zucchi.

Portrait d'homme. — Galerie Pitti. Buste. Dim. : 0^m,58 sur 0^m,44. Gravé au trait par Guadignini.

Portrait d'homme. — Galerie Pitti. A mi-corps. Dim. : 1^m,14 sur 0^m,86. Gravé au trait par V. Della Burna.

Un Jeune Homme. — Musée de Stockholm. Buste. Dim. : 0^m,63 sur 0^m,46.

La Reine Marguerite d'Autriche, femme de Philippe III. — Musée du Prado, n° 1065 (Madrid). Portrait équestre. Grandeur nature. Dim. : 2^m,97 sur 3^m,09. Gravé à l'eau-forte par Goya.

La Reine Isabelle ou Élisabeth de Bourbon, femme de Philippe IV. — Musée du Prado, n° 1067 (Madrid). Portrait équestre, grandeur nature. Dim. : 3^m,01 sur 3^m,14. Gravé à l'eau-forte par Goya.

La Reine Élisabeth de Bourbon. — Mrs. Henry Huth. Portrait en pied. Ancienne galerie Louis-Philippe.

La Reine Élisabeth de Bourbon. — Hampton Court. Semblable au précédent, avec quelques modifications.

La Reine Isabelle de Bourbon. — Francis Clare Ford (Londres). Buste.

La Reine Marie-Anne d'Autriche, seconde femme de Philippe IV. — Musée du Prado, n° 1082 (Madrid). La reine est agenouillée devant un prie-Dieu recouvert de riches étoffes. Grandeur nature. Dim. : 2^m,09 sur 1^m,47. Photographié par Laurent.

La Reine Marie-Anne d'Autriche. — Musée du Prado, n° 1078 (Madrid). Portrait en pied. Dim. : 2^m,09 sur 1^m,25. Photographié par Laurent.

La Reine Marie-Anne d'Autriche. — Musée du Prado, n° 1079 (Madrid). A peu près les mêmes dispositions que le précédent. Dim. : 2^m,31 sur 1^m,31. Photographié par Laurent.

La Reine Marie-Anne d'Autriche. — Hercules B. Brabazon (Battle, Sussex). Buste. Vente Hugh Baillie. Photographié par Caldesi.

La Reine Marie-Anne d'Autriche. — Comte de Carlisle. La tête seule.

La Reine Marie-Anne d'Autriche. — *Bryan Gallery* (New-York). En buste.

La Reine Marie-Anne d'Autriche. — Francis Clare Ford (Londres). Portrait en pied. Vente Gen. John Meade, 1847.

La Reine Marie-Anne d'Autriche. — Don Nicolas Gato de Lemna (Madrid). Buste. Photographié par Laurent.

La Reine Marie-Anne d'Autriche. — Francis Cook. Buste.

L'Infante Maria, fille de Philippe III, reine de Hongrie. — Musée du Prado, n° 1072 (Madrid). Buste grandeur nature. Dim. : 0ᵐ,58 sur 0ᵐ,44. Gravé par Saint-Raymond et Pineda.

L'Infante Maria. — Musée de Berlin. Portrait en pied. Dim. : 2 m. sur 1ᵐ,06. De la galerie Suermondt. Acquis en 1874. Gravé à l'eau-forte par Flameng.

L'Infante Marie-Thérèse, fille de Philippe IV. — Musée du Prado, n° 1084 (Madrid). Portrait en pied, grandeur nature. Dim.: 2ᵐ,12 sur 1ᵐ,47. Photographié par Laurent.

L'Infante Marie-Thérèse. — Galerie du Belvédère (Vienne). Portrait en pied. Photographié par Miethke.

L'Infante Marie-Thérèse. — Collection Eudoxe Marcille (Paris). Buste. Dim. : 0ᵐ,62 sur 0ᵐ,56.

L'Infante Marie-Thérèse. — Ledieu (Paris). Photographié par Braun.

L'Infante Marie-Thérèse. — Musée du Louvre. Galerie La Caze. Buste. Dim. : 0ᵐ,73 sur 0ᵐ,61. Vente Louis Viardot, 1863. Gravé à l'eau-forte par Guérard.

L'Infante Marie-Thérèse. — *South Kensington Museum* (Londres). Buste.

L'Infante Marie-Thérèse. — Colonel William (E. G. Bulwer) Eart Dereham, Norfolk. Buste.

L'Infante Marguerite-Marie. — Galerie du Belvédère (Vienne). Portrait en pied. Gravé à l'eau-forte par Milius.

L'Infante Marguerite-Marie. — Duc d'Albe (Madrid). Portrait en pied. Dim. : 1ᵐ,15 sur 0ᵐ,91. (A paru à la vente De Berwick et d'Albe, 1877.) Gravé par Lalauze.

L'Infante Marguerite-Marie. — Musée du Louvre. A mi-corps, grandeur nature. Dim. : 0ᵐ,70 sur 0ᵐ,59. Gravé par Couquy, Waltner, Hans Meyer, Milius; en mezzo par Luderitz; lithographié par Coltier.

L'Infante Marguerite-Marie. — Héritiers de l'Infant Don Sébastien (Pau). A mi-corps. Dim. : 0ᵐ,76 sur 0ᵐ,62.

L'Infante Marguerite-Marie — *Städel Kunst-Institut* (Francfort). Portrait en pied. Dim. : 1ᵐ,37 sur 1ᵐ,04. Vente Pereire, 1872. Gravé par Bracquemond.

Une Infante (?) — Sir Richard Wallace. Bart. A mi-corps, grandeur nature.

La Femme de Don Christoval de Corral. — Duc de Villahermosa (Madrid). Portrait en pied. Dim. : 2ᵐ,05 sur 1ᵐ,15.

Doña Juana Pacheco, femme de Velazquez. — Musée du Prado, n° 1086 (Madrid). A mi-corps, grandeur nature. Dim. : 0ᵐ,62 sur 0ᵐ,50. Ancienne collection de la reine Isabelle Farnèse. Gravé à l'eau-forte par Maura; lithographié par Blanco.

Doña Juana Pacheco. — Comte de Dudley (Londres). A mi-corps. Dim. : 1ᵐ,37 sur 1 m. Vente Salamanca, 1867.

Francisca, fille de Velazquez. — Musée du Prado, n° 1087 (Madrid). A mi-corps, grandeur nature. Dim. : 0ᵐ,58 sur 0ᵐ,46. Gravé à l'eau-forte par Maura.

Francisca, fille de Velazquez. — Musée du Prado, n° 1088. A mi-corps, grandeur

nature. (Étude avec quelques changements pour le précédent portrait.) Dim. : o^m,58
sur o^m,46. Photographié par Laurent.

Portrait de femme. — Sir Richard Wallace. A mi-corps. Ventes Lucien Bonaparte, 1816, et Aguado, 1843. Gravé au trait par Pistrucci et Leroux.

Portrait de femme. — Duc de Devonshire (Chatsworth). A mi-corps.

Portrait d'une jeune fille (une infante (?). — Sir Richard Wallace. Portrait en
pied, grandeur nature.

Portrait d'une jeune fille (une infante (?) — Mrs Lyne Stephens (Norfolk). En pied.
Dim. : 1^m,49 sur 1^m,02. Vente De Morny, 1867.

Portrait de femme. — *Académie der Bildende Kunst* (Vienne). Buste. Dim. : o^m,82
sur o^m,64. Gravé à l'eau-forte par Klaus.

Une Dame de la cour de Philippe IV. — Portrait en pied, trois quarts de grandeur nature. Dim. : 1^m,30 sur o^m,99. Vente Salamanca, 1875. Gravé par Milius.

Une Vieille Dame. — Musée du Prado, n° 1089 (Madrid). A mi-corps. (Peinture
d'une attribution douteuse). Dim. : 1^m,06 sur o^m,77.

Jeune Femme. — Musée du Louvre. Collection La Caze. Buste, ovale. Dim. : o^m,82
sur o^m,63. Photographié par Braun.

Jeune Femme. — Catalogué par M. Ch. B. Curtis. Portrait en pied. Dim., 1^m,18
sur o^m,77. Ventes de la galerie du roi de Hollande, 1850, et J. W. Brett, 1864. Photographié par Calderi.

Dame espagnole. — Sir William Stirling-Maxwell (Keit, Perthshire).

NAINS ET BOUFFONS

« El Bobo de Coria » (*l'Idiot de Coria*). — Musée du Prado, n° 1099 (Madrid).
Représenté assis, grandeur nature. Dim. : 1^m,06 sur o^m,83. Gravé au trait par Croutelle; à l'eau-forte par Laguillermie; lithographié par Loutrel.

« El Niño de Vallecas » (*l'Enfant de Vallecas*). — Musée du Prado, n° 1098
(Madrid). Nain assis. Grandeur nature. Dim. : 1^m,07 sur o^m,83. Gravé à l'eau-forte
par Goya (1778), Laguillermie, Maura, Pineda; au trait par B. Vasquez; lithographié
par A. Lemoine.

Sebastian de Morra, nain du roi Philippe IV. — Musée du Prado, n° 1096 (Madrid).
Représenté assis, grandeur nature. Dim. : 1^m,06 sur o^m,81. Gravé à l'eau-forte par
Goya. (Le dessin que Goya avait fait pour cette gravure figurait à la vente P. Lefort,
1869.) Laguillermie, Maura, Guérard; au trait par F. Ribera.

El Primo, nain de Philippe IV. — Musée du Prado, n° 1095 (Madrid). Représenté
assis, feuilletant un livre. Grandeur nature. Dim. : 1^m,07 sur o^m,82. Une copie à
l'École des Beaux-Arts (Paris). Gravé à l'eau-forte par Goya, 1778. (Le dessin était à
la vente P. Lefort, 1869.) Laguillermie, Maura, Pineda, Pirié, Guérard; au trait par
Muntaner et Lemoine.

Barberousse ou « Pernia », bouffon de Philippe IV. — Musée du Prado, n° 1093
(Madrid). Représenté debout en costume turc. Grandeur nature. Dim. : 1^m,98 sur 1^m,21.
Gravé à l'eau-forte par Goya, Alabern; au trait par Croutelle.

« Pablillos de Valladolid » ou *« l'Acteur »*, bouffon du roi Philippe IV. — Musée
du Prado, n° 1092 (Madrid). Représenté debout, grandeur nature. Dim. : 2^m,09
sur 1^m,23. Gravé à l'eau-forte par Maura et Guérard.

« Don Juan de Austria » ou *« l'Artilleur »*, bouffon de Philippe IV. — Musée du

Prado, n° 1094 (Madrid). Représenté debout, en costume du temps de Philippe II. Grandeur nature. Dim. : 2^m,10 sur 1^m,23. Gravé à l'eau-forte par Goya, Maura, Rajon ; au trait par Fosseyeux ; lithographié par Cos. Gravé comme étant le portrait de Fernand Cortès par Lingée, Allais et Langlume. Buste.

« Don Antonio el Ingles », nain de Philippe IV. — Musée du Prado, n° 1097 (Madrid). Représenté debout, tenant un gros chien par le collier. Grandeur nature. Dim. : 1^m,42 sur 1^m,07. Gravé à l'eau-forte par Maura et Laguillermie ; lithographié par Cos.

Un Nain. — Lord Ashburton (The Grange, Hants). Personnage avec un perroquet et un petit chien. Ancienne Galerie Joseph Bonaparte.

Un Bouffon jouant avec un petit moulin de papier. — Collection Maurice Cottier (Paris). Grandeur nature. Ancienne collection de Persigny.

PAYSANS ET PERSONNAGES DIVERS

Jeune Homme riant et tenant une fleur à la main. — Belvédère (Vienne). A mi-corps. Gravé à l'eau-forte par Unger.

Jeune Homme riant. — Paul Lefort (Paris). A mi-corps, grandeur nature. Dim. : 0^m,55 sur 0^m,40. Ancienne collection D. Pedro Jimenes de Haro.

Jeune Paysan couché à plat ventre. — Edward A. Leatham (Londres). Grandeur nature. Ancienne collection Dumergue.

Jeune Garçon mangeant sa soupe. — M. Ch. B. Curtis (New-York). Ce tableau avait été donné à Goya par la reine Marie-Louise. Vente Peleguer, 1867.

Jeune Paysan. — Ermitage. Buste. Dim. : 0^m,27 sur 0^m,22. Acquis en 1814 de M. Coesvelt.

Vieux Paysan. — Galerie Francis Cook (Richmond Hill, Surrey). A mi-corps, grandeur nature. Acquis en 1818 du général Caulaincourt.

Deux Paysans. — Musée de Valladolid. Un homme et une femme causant dans une auberge. A mi-corps. Dim. : 1^m,60 sur 2^m,25. Photographié par Laurent.

Paysan avec un enfant. — George Salting (Londres). Deux personnages assis devant une table. A mi-corps. Étude d'après nature, non achevée.

Deux Paysans. — Francis Cook (Richmon Hill). Une vieille femme et un jeune garçon, à mi-corps.

Deux Jeunes Garçons. — Duc de Wellington.

Le Vendeur d'eau. « El Aguador de Sevilla ». — Duc de Wellington. Trois personnages, trois quarts de grandeur. Donné par Ferdinand VII au duc de Wellington. Gravé au trait par Blas Amettler, Lingée.

Intérieur d'une posada. — Deux hommes et une femme assis devant une table. A mi-corps. Dim. : 1^m,23 sur 1^m,47. Vente Salamanca, 1875.

Groupe de paysans. — Comte de Listowel (Londres). Plusieurs figures, grandeur nature.

Groupe de paysans. — Comte de Southesk (Kinnaird Castle, Forfarshire). Sept figures.

SCÈNES DE CHASSE

Chasse au sanglier, au Hoyo. — National Gallery, n° 197. Ce tableau, qui décorait autrefois le Palais royal, à Madrid, fut donné par Ferdinand VII à lord Cowley de qui il a été acheté en 1846 pour le prix de 2,200 livres sterling. Une copie par Goya au musée du Prado, à Madrid.

Chasse au sanglier. — Galerie sir Richard Wallace (Londres). Esquisse du précédent, mais avec moins de figures. Provient de la vente Northwick.

Groupe de personnages. — Collection comtesse Cowper. Quelques-unes des figures sont les mêmes que celles du tableau de la *National Gallery*.

Chasse au cerf. — Collection lord Ashburton (Londres). Peint vers 1629. Ce tableau a appartenu à l'ex-roi Joseph Bonaparte qui l'avait pris au Palais royal, à Madrid.

Scène de chasse. — Dim. : 2^m,45 sur 2^m,15. Provient de la vente Louis-Philippe.

ANIMAUX ET NATURE MORTE

Nature morte. — Sir W. Stirling-Maxwell. Poisson et fruits.

Nature morte. — *Metropolitan Museum of Art* (New-York). — Fruits posés sur une pierre.

Deux Chiens se querellant. — Comte de Carlisle (Castle Howard, Yorkshire). Grandeur nature. Acquis en Espagne par M. Wallis, en 1809.

Chien flairant un os. — Comte d'Esgin (Fifeshire.)

Tête de chien. — Edmund M. Blood (Rickmanswortz, Herts).

Chien. — Comte Raczynski (Berlin). Donné par le roi François d'Assise, en 1804.

PAYSAGES

Paysage. — Musée du Prado, n° 1106 (Madrid). Vue prise à la Villa Médicis, à Rome. Dim. : 0^m,44 sur 0^m,40. Lithographié par C. Aranjo.

Paysage. — Musée du Prado, n° 1107. Vue prise à la Villa Médicis. Pendant du précédent. Dim. : 0^m,44 sur 0^m,38.

Paysage. — Musée du Prado, n° 1108. L'Arc de Titus, à Rome. Dim. : 1^m,46 sur 1^m,11. A été peint probablement à Madrid, d'après une esquisse faite à Rome. Lithographié par Asselinau.

Paysage. — Musée du Prado, n° 1113. Paysage avec plusieurs figures, un Mercure dans les airs. Dim. : 1^m,48 sur 1^m,11.

Paysage. — Musée du Prado, n° 1114. Ruines couvertes de verdure. Deux personnages. Dim. : 1^m,48 sur 1^m,11.

Paysage. — Musée du Prado, n° 1112. Vue d'un parc, peut-être celui de l'ancien Alcazar de Madrid. Dim. : 1^m,48 sur 1^m,11.

Paysage. — Musée du Prado, n° 1109. La Fontaine des Tritons, au jardin d'Aranjuez. Huit figures. Dim. : 2^m,48 sur 2^m,23. Lithographié par P. de Léopol.

Paysage. — Musée du Prado, n° 1110. L'Avenue de la Reine, à Aranjuez. Groupes de courtisans; défilés de carrosses attelés de six mules. Dim. : 2^m,45 sur 2^m,02. Lithographié par P. de Léopol.

Paysage. — Musée du Prado, n° 1111. Vue des jardins et de la pièce d'eau du Buen-Retiro. Deux personnages. Dim. : 1^m,47 sur 1^m,14.

Paysage. — Musée du Prado, n° 782. Vue de Saragosse avec de nombreux personnages, ces derniers seuls sont de la main de Velazquez, le paysage est de Mazo. Dim. : 1^m,81 sur 3^m,31. Peint en 1647.

Paysage. — *Stafford House* (Londres). Avec plusieurs personnages.

Paysage. — Marquis de Lansdowne (Bowood, Wilts). Avec plusieurs personnages.

Paysage. — Marquis de Lansdowne. Avec plusieurs personnages.

Paysage avec figures. — Lord Ashburton (Londres).

Paysage avec figures. — Comte de Stafford (Wrotham Park, Herts).

Paysage. — Sir William Gregory (Londres). Un Duel au Prado. Plusieurs personnages. Provient de la galerie J. W. Brett.

Paysage. — Comte de Clarendon (Londres). Philippe IV, chassant le cerf dans le parc du Pardo. Aurait été acquis par lord Clarendon, ex-ambassadeur en Espagne, vers 1833-1839.

Paysage. — Comte de Clarendon. Promenade de l'Alameda, à Séville. Plusieurs personnages.

Paysage. — Le même que le précédent, avec quelques modifications dans les figures. Dim. : 1^m,05 sur 1^m,60. Provient de la galerie Louis-Philippe. Vente Hoskins, 1864.

Paysage. — Duc de Wellington. Fête villageoise près d'une forteresse.

Paysage. — Duc de Wellington. Un Marché. Plusieurs personnages.

Paysage. — Sir W. Stirling-Maxwell (Keir, Perthshire). Deux personnages.

Paysage. — Sir W. Stirling-Maxwell. Avec trois personnages.

Paysage — Musée de La Haye. Avec plusieurs personnages. Dim. : 1^m,04 sur 0^m,82. Acquis à Paris en 1817, par le roi Guillaume Ier.

BIBLIOGRAPHIE

AMADOR DE LOS RIOS. — *Sevilla pintoresca o descripcion de sus mas celebres monumentos artisticos.* Sevilla, 1844.

EL ARTE EN ESPAÑA, *revista quincenal de las artes del dibujo.* Madrid, 1862-1870.

D. JOSE MARIA ASENSIO Y TOLEDO. — *Francisco Pacheco, sus obras artisticas y literarias...* Sevilla, 1867.

BOSARTE. — *Viage artistico à varios pueblos de España.* Madrid, 1804.

CEAN BERMUDEZ. — *Diccionario historico de los mas ilustres profesores de las bellas artes en España.* Madrid, 1800.

D. PEDRO DE MADRAZO. — *Catalogo descriptivo é historico del Museo del Prado.* Madrid, 1872.

D. PEDRO DE MADRAZO. — *Viage artistico de tres siglos por las colecciones.* Barcelona, 1884.

D. PEDRO DE MADRAZO. — *Discurso inaugural leido en la Academia nacional de nobles artes de San Fernando. (Sesion del 20 noviembre 1870.)* Madrid, 1870.

FRANCISCO PACHECO. — *El arte de la pintura, su antiguedad y grandesas.* Sevilla, 1649.

PALOMINO DE CASTRO Y VELASCO. — *El Museo pictorico y Escala optica.* Madrid, 1715-1724.

ZARCO DEL VALLE. — *Documentos ineditos para la historia de las bellas artes en España.* Madrid, 1870.

CEFERINO ARAUJO SANCHEZ. — *Los Museos de España.* Madrid, 1875.

ANTONIO PONZ. — *Viage de España.* Madrid, 1787.

ANTONIO PONZ. — *Viage fuera de España.* Madrid, 1785.

CRUZADA VILLAAMIL. — *Rubens diplomatico español.* Madrid, 1874.

CRUZEDA VILLAAMIL — *Revista Europea : Informaciones de las calidades de Diego de Silva Velazquez, aposentador de palacio y ayuda de camara de S. M. para el habito que pretende de la orden del señor Santiago.* T. II, 1874. Madrid.

VICENTE CARDUCHO. — *Dialogos de la Pintura.* Madrid, 1633.

Galerie Aguado; notices sur les peintres, par L. Viardot. Paris, 1839-1841.

L. VIARDOT. — *Les Musées d'Espagne.* Paris, 1860.

CLÉMENT DE RIS. — *Le Musée royal de Madrid.* Paris, 1859.

CHARLES BLANC. — *Histoire des Peintres. École espagnole.* Paris.

BEULÉ. — *Causeries sur l'art.* Paris, 1867.

W. BURGER (T. Thoré). — *Trésors d'art en Angleterre.* Paris, 1865.

W. BURGER (T. Thoré). — *Velazquez et ses œuvres.* Paris, 1865.

CH. DAVILLIER. — *Mémoire de Velazquez sur quarante et un tableaux envoyés par Philippe IV à l'Escurial.* Paris, 1874.

Correspondance de Henri Regnault, recueillie et annotée par Arthur Duparc. Paris, 1872.

MARIETTE. — *Abecedario.* Paris, 1857.

QUILLET. — *Dictionnaire des Peintres espagnols.* Paris, 1815.

TH. GAUTIER. — *Don Diego Velazquez de Silva : L'Artiste,* n° de mars 1868.

TH. GAUTIER. — *Tableaux à la plume.* Paris, 1880.

ANTOINE DE LATOUR. — *Études sur l'Espagne.* Paris, 1855.

Notice sur l'esquisse de Velazquez, première pensée du célèbre tableau « la Reddition de Breda », qui existe au musée de Madrid et qu'on nomme ordinairement le tableau des « Lances ». Paris, s. d., 1865 (?).

CHARLES GUEULLETTE. — *Les Peintres espagnols.* Paris, 1863.

P. DE MADRAZO. — *Quelques Velazquez du Musée de Madrid,* n°ˢ du 24 novembre et du 1ᵉʳ décembre 1878 de *l'Art.*

LAVICE. — *Revue des Musées d'Espagne.* Paris, 1864.

W. STIRLING. — *Annals of the artists of Spain.* Londres, 1848.

W. STIRLING. — *Velazquez ad his Works.* Londres, 1855.

Traduction française par G. Brunet, avec des notes et un catalogue des tableaux de Velazquez, par W. Bürger. Paris, 1865.

BUCHANAN. — *Memoirs of Painting.* Londres, 1824.

CUMBERLAND. — *Anecdotes of eminent Painters in Spain.* Londres, 1782.

RICHARD FORD. — *A Handbook for travellers in Spain.* Londres, 1855.

RICHARD FORD. — *The Paintings of Spain. (Quarterly Review.)*

RICHARD FORD. — *Velazquez. (The penny Cyclopedia.)*

CHARLES B. CURTIS. — *Velazquez and Murillo, a descriptive and historical catalogue of the Works.* Londres, New-York, 1883.

EDW. STOWE. — *Velazquez.* Londres, 1881.

PASSAVANT. — *Die christliche Kunst in Spanien.* Leipzig, 1853.

JUSTI. — *Jahrbuch der K. Preussischen Kunstsammlungen.* 1887.

TABLE DES GRAVURES

FIN DE LA TABLE DES GRAVURES

TABLE DES MATIÈRES

CHAPITRE IX

CHAPITRE X

CHAPITRE XI

CHAPITRE XII

FIN DE LA TABLE DES MATIÈRES

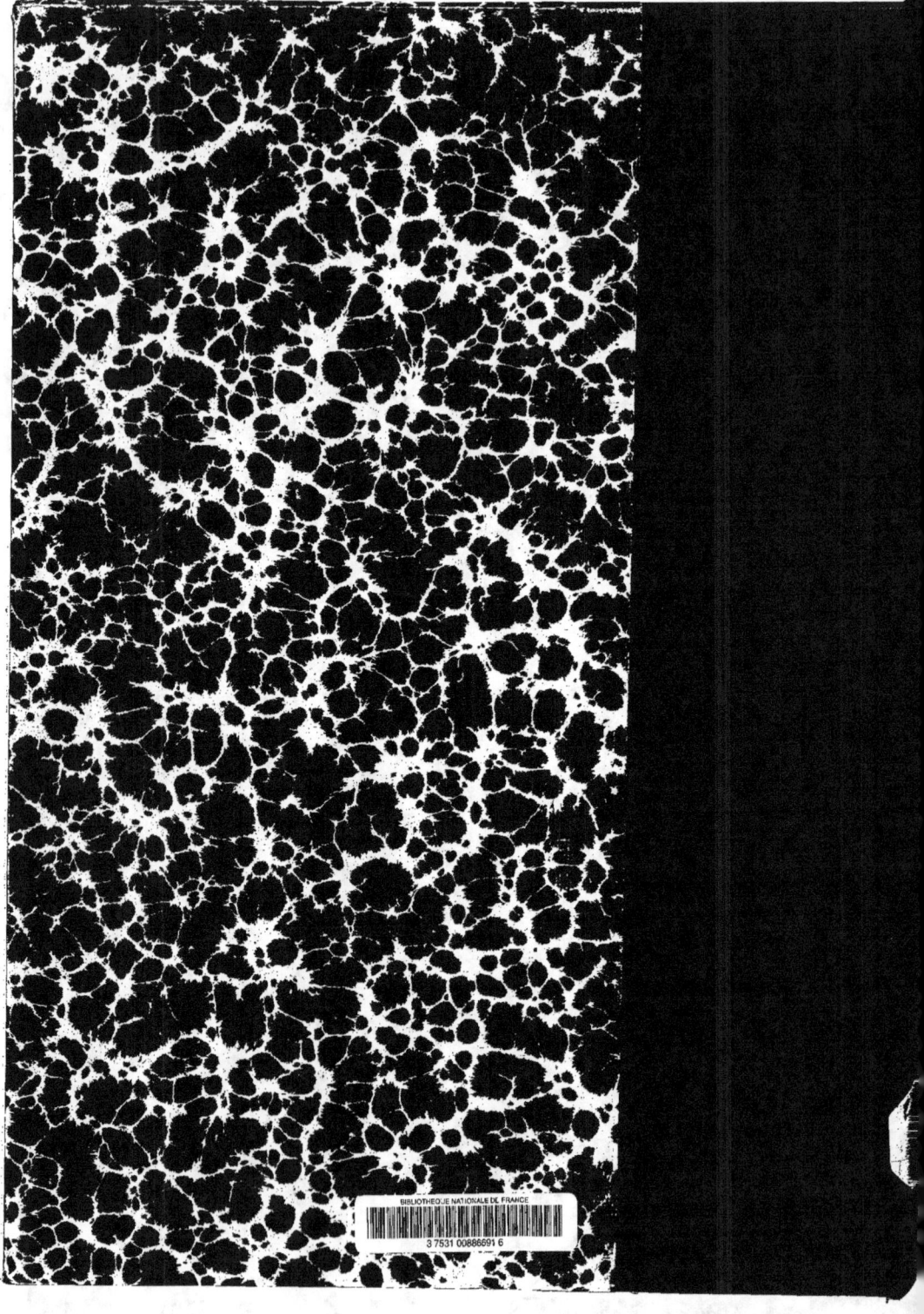

www.ingramcontent.com/pod-product-compliance
Lightning Source LLC
Chambersburg PA
CBHW071538220526
45469CB00003B/837